本书由临沂市道友会道文化传播有限公司资助出版

王卡纪念文集

尹岚宁　编

社会科学文献出版社
SOCIAL SCIENCES ACADEMIC PRESS (CHINA)

　　王卡，1956 年 12 月生于四川省成都市，2017 年 7 月因病在西藏林芝去世。1975 年至 1978 年就读于四川大学哲学系。1978 年考入中国社会科学院研究生院，师从王明先生。1988 年，获哲学博士学位并留院工作，从事道教历史、教义及文献学等方面研究。曾为中国社会科学院道家与道教文化中心主任，中国社会科学院世界宗教研究所道教与民间宗教研究室主任、研究员、博士生导师，中国社会科学院长城学者，四川大学兼职教授，华中师范大学特聘教授，中国道教学院特聘教授。曾担任中国宗教学会理事，中国敦煌吐鲁番学会理事，中华宗教文化交流协会理事，老子道学文化研究会常务副会长，国家社会科学基金学科规划评审组专家。王卡先生长期致力于道教历史、教义、思想及文献等方面研究。著述有《中国道教史》（合著）、《敦煌道教文献研究——综述·目录·索引》、《老子道德经河上公章句》、《道教经史论丛》、《道教史话》、《新译道门观心经》、《中华道藏》（常务副主编）、《中国宗教历史文献集成·三洞拾遗》、《中华大典·宗教典·道教分典》、《洞经乐仪与神马图像》、《道家思想流派与文化精神》等。

1971 年，王卡参加中国人民解放军，四川军区成都警备区士兵（14 岁）

王卡的父亲在西藏军区（摄于林芝）

1983 年王卡与奶奶、父亲和儿子四世同堂

1978 年，毕业
于四川大学哲学系
（21 岁）

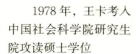

1978 年，王卡考入
中国社会科学院研究生
院攻读硕士学位

1985 年，攻读博士学位

◀ 1981 年，王卡获硕士学位，与导师王明先生合影

1988 年，王卡博士论文答辩会评委（左起：石峻、任继愈、王明）

1988 年，王卡在地质大学家中写论文

2005 年，王卡在家中书房

1994 年，王卡与道教研究室同仁访问台湾

1987 年，王卡与道教室同事在社科院，从左到右：金正耀、韩秉方、王卡、吴受琚、倪为国、马西沙

20 世纪 90 年代，王卡参加国际道教学术研讨会

20 世纪 90 年代，王卡在学术研讨会上发言

1997 年，王卡与朱越利等同仁访问德国

1992 年，王卡访问香港

2004 年，《中华道藏》出版

2006 年，王卡应香港中文大学做访问学者，与李永明先生交谈

2007 年 4 月王卡带领课题组成员在云南腾冲调研洞经文化

2007 年，王卡在北京参加"道教与民间宗教资料的认知与编撰"学术研讨会

2009 年，王卡参加首届国际老子道学文化高层论坛

2009 年，王卡在河南嵩山道教学术会议发言

2010 年，王卡在安徽亳州考察时接受记者采访

2011 年 8 月，王卡在拉萨布达拉宫前八一广场

2012 年 3 月，王卡在日本龙谷大学搜集敦煌道经

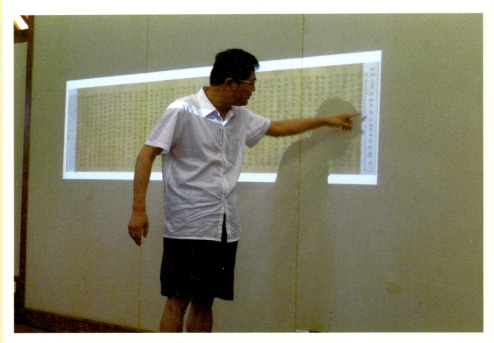

2012 年，王卡在华中师大介绍敦煌道教经卷研究过程

2012 年 6 月，王卡受聘四川大学宗教所 985 研究基地兼职教授

2013 年 2 月，王卡访问王明先生浙江故居，与当地政府部门干部交谈，并赠送王明文集

2013 年 2 月，王卡携夫人与学生赵敏、刘志同王明先生亲属在王明故居前合影

2013 年 4 月，王卡与宗教所同事考察北京居庸关城隍庙

2013年，王卡参加吉林道教界活动

2013年，王卡在苏州为道界庆典揭牌

2013 年，王卡与道教研究室同事考察西藏

2014 年，王卡的博士生张方毕业答辩会

2014 年，王卡参加华中师大举办的国际学术研讨会

2014 年，王卡参加华中师大举办的国际学术研讨会

2014 年 10 月，王卡与研究室同事在山西考察

王卡与台湾学者李显光先生交谈

2011 年在成都召开"王明先生诞辰一百周年纪念研讨会"

2011 年 6 月王卡在"王明先生诞辰一百周年纪念研讨会"上发言

2014 年，王卡在温州基督教柳市堂调研基地授课

2016 年，王卡再次在温州柳市调研基地授课

2015 年 7 月，王卡组织专家学者在北戴河召开"道家思想概述"开题论证会

2015 年 7 月，王卡在社科院办公室接待美国学者伯夷教授来访

2015 年 9 月，王卡在敦煌阳关考察

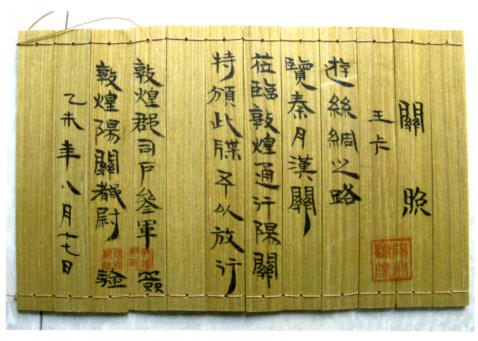

2015 年 9 月，王卡在敦煌阳关考察时特意制作的关照

2015 年 9 月王卡与研究室同事考察新疆天池福寿宫

2015 年 11 月，王卡到北大拜访施舟人先生

2016 年 10 月，王卡与研究所同事在福建泉州考察

2016 年 10 月，王卡冒雨调研福建福鼎道教文化

2016 年 10 月 30 日，王卡参加中国道教学院的拜师仪式

2016 年 11 月，王卡与道教室同事考察北京玉虚宫

2016 年 12 月王卡主持"首届中国本土宗教研究论坛"

2016 年 12 月 24 日，首届中国本土宗教研究论坛在北京召开

2017 年 3 月，王卡在故宫考察道教遗迹

2017 年 4 月，王卡参加《中国道教史》教材编写大纲研讨会

2017 年 4 月，王卡参观西安王重阳宫

2017 年 4 月，王卡与宗教所同事考察北京广福观

2017 年 4 月王卡在中国中医科学院西苑医院与陈可冀院士、李光富会长、刘传鑫道长等探讨道医文化

　　2017年6月24日，王卡在"第13期道教学术研究沙龙"上点评，这是王卡生前参加的最后一次学术活动

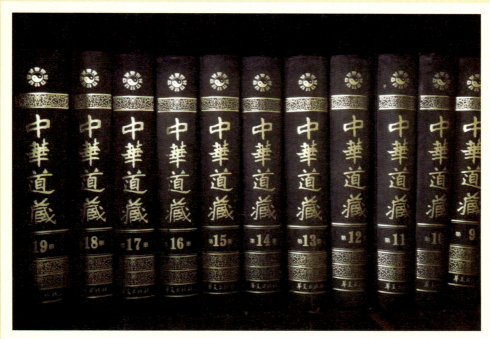

王卡先生为《中华道藏》常务副主编

王卡先生的著作

长城学者聘任书

根据《中国社会科学院哲学社会科学创新工程"长城学者资助计划"管理办法（试行）》规定，经2011年12月15日院长办公会议批准，聘 王卡 同志为中国社会科学院哲学社会科学创新工程"长城学者"，聘期为2012年1月1日至2016年12月31日。

特发此证

中国社会科学院
二〇一二年一月一日

聘 书

兹聘 王卡 教授，为湖北省人文社会科学重点研究基地道家道教研究中心学术委员会主任。

华中师范大学道家道教研究中心
二〇一四年六月三日

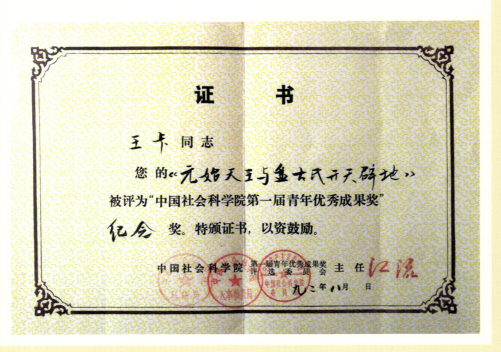

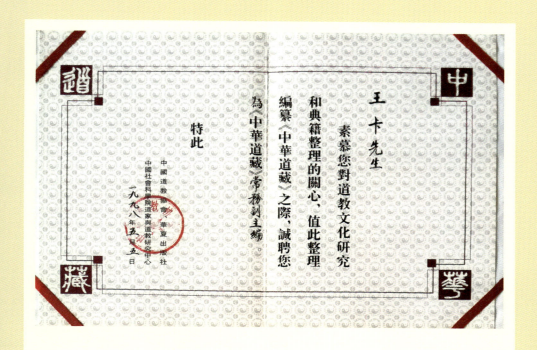

王卡先生

素慕您對道教文化研究
和典籍整理的關心、值此整理
編纂《中華道藏》之際，誠聘您
為《中華道藏》常務副主編。

特此

中國道教協會
中國社會科學院道家與道教研究中心
華夏出版社

一九九八年五月五日

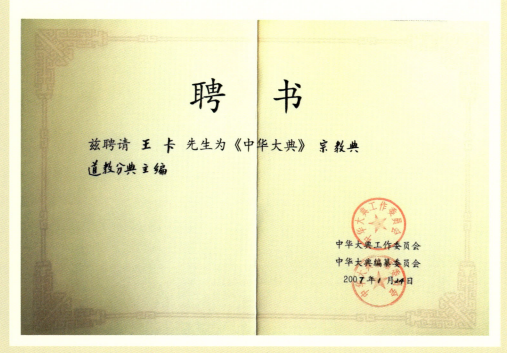

聘 书

兹聘请 王 卡 先生为《中华大典》宗教典

道教分典主编

中华大典工作委员会
中华大典编纂委员会
2007年1月24日

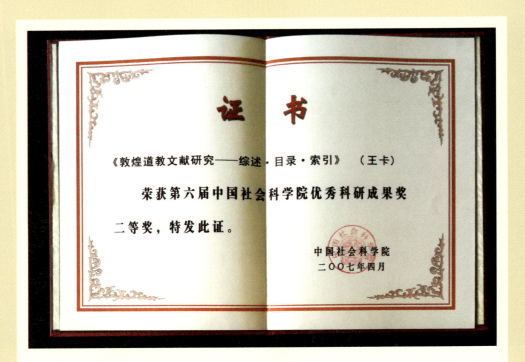

证　书

《敦煌道教文献研究——综述·目录·索引》 （王卡）

荣获第六届中国社会科学院优秀科研成果奖

二等奖，特发此证。

中国社会科学院
二○○七年四月

证　书

王卡同志的专著《敦煌道教文献研究——综述·目录·索引》荣获本所 2006 年度优秀科研成果一等奖。

中国社会科学院世界宗教研究所
2006 年 12 月 26 日

2005 年至 2010 年，王卡出席各种学术研讨会及道教界活动代表证

2011 年至 2017 年，王卡出席各种学术活动代表证

王卡先生多年来养成了通宵达旦工作的习惯

王卡一生手不释卷（2005 年摄于家中）

2014 年至 2017 年春节探亲期间，王卡经常在新西兰图书馆看中文图书

2015 年春节，王卡在新西兰度假期间仍在继续着学术研究

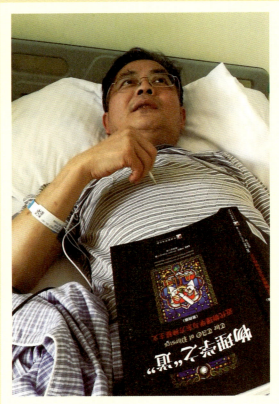

2017年5月住院期间，王卡在病床上阅读物理学书籍，学习量子力学的理论

2017年7月，王卡在林芝家中最后工作的书桌

目录

悼念王卡君（代序）　　马西沙 / 001

新闻报道 / 001

讣　告 / 003

王卡先生遗体告别仪式在拉萨西山殡仪馆举行 / 005

王卡先生追思会暨王卡先生学术思想座谈会在京举行 / 007

道教研究权威、《中华道藏》常务副主编王卡去世 / 011

著名道教学者王卡先生追思会在中国社科院举行 / 014

追思会发言及悼念文章 / 017

学术界

在王卡先生遗体告别仪式上的致辞　　赵文洪 / 019

在王卡先生追思会上的讲话　　卓新平 / 022

忆我与王卡研究员交往二三事　　朱越利 / 025

忆王卡　　李　申 / 034

追思与反思　问学与问道

　　——谨以此文纪念王卡同仁　　孙　波 / 036

纪念王卡师兄　　陈　静 / 050

纪念王卡君　　詹石窗 / 053

忆王卡　肖　峰 / 055

率性狂傲真君子

　　——大学同学眼中的王卡　徐开来 / 057

缅怀王卡学长　盖建民 / 062

怀念王卡先生　张广保 / 066

卡兄千古　强　昱 / 068

悼念我的良师益友　何建明 / 069

追念王卡老师　郭　武 / 070

深切缅怀王卡先生　尹志华 / 073

追忆王卡先生　刘　屹 / 075

忆王卡先生　赵建永 / 084

王卡老师：你的人格魅力永远是我学习的榜样　赵　芃 / 086

回忆王卡先生　戴晓云 / 089

道学翘楚，士人风骨

　　——怀念王卡先生　赵法生 / 092

忆王卡先生　陈进国 / 095

追思王卡老师　李　林 / 097

真性情，真学者

　　——怀念王卡老师　姜守诚 / 101

纪念良师王卡先生　汪桂平 / 104

纪念王老师　李志鸿 / 114

深切缅怀恩师王卡先生　易　宏 / 120

追忆恩师王卡先生　林巧薇 / 126

朗月清风忆良师

　　——缅怀我的老师王卡先生　赵　敏 / 130

学术报国的情怀

　　——回忆导师王卡先生　刘　志 / 134

三洞修真，道苑遗泽：深切缅怀王卡老师　刘康乐 / 137

缅怀业师王卡先生　陈文龙 / 140

师恩天大

  ——回忆恩师王卡先生的教诲　胡百涛 / 143

忆恩师王卡先生　张　方 / 149

追忆恩师王卡先生　何建朝 / 152

关于王卡老师的回忆与遗憾　王皓月 / 154

忆王卡老师　张　阳 / 156

追忆导师王卡先生　李贵海 / 158

宗教界

深切怀念贤良之师——王卡先生　孟至岭 / 162

悼念缅怀卡兄王先生　袁志鸿 / 164

纪念王卡大师　周金富 / 168

沉痛悼念王卡先生　郑利华 / 170

纪念王卡老师　黄新华 / 172

追忆王卡老师　葛宗玄 / 176

怀思动哀歌

  ——追忆王卡老师　李合春 / 177

忆王卡先生与槐轩交往一二事　李廷新 / 180

家人

王卡，你永在我心　尹岚宁 / 182

一句顶一万句：父亲，你没有走！　王　淼 / 186

附　录 / 189

各界唁电 / 191

个人唁函 / 220

挽　词 / 223

王卡先生主要学术贡献 / 225

编后记 / 228

悼念王卡君（代序）

马西沙[*]

尊敬的尹岚宁女士，我和我夫人对您丈夫王卡君的去世，极为震惊，极为悲痛。我夫人永远记得你们夫妻对她的好。

我和王卡先生不是同学，我比他大十三岁，但是接触是最多的。回顾一下，有这么一些场景，1984年杭州会议，任继愈先生、孔繁先生、钟肇鹏先生、朱越利先生、王卡先生以及我和韩秉方、吴绥琚诸人在杭州参与《道藏提要》会议。《道藏提要》后来在1989年出版，任继愈先生和王卡先生大概有同样的观点，就是《道藏提要》在那个时代还是有欠缺的。王卡和我聊过几次，他说，假以时日，他愿意将所有《道藏提要》的错误修订。任继愈先生也希望给《道藏提要》重新考据，甚至希望和日本人合作。

1984年道教研究室主任是钟肇鹏先生，1985年北戴河会议，任继愈先生和杜继文先生希望我来当道教研究室的主任，并且承担《中国道教史》的组织写作。《中国道教史》是王卡先生参加的第二个大项目。1990年《中国道教史》出版，并获得第一届中国社会科学院优秀成果奖。在《中国道教史》里，王卡先生撰写了三章。王先生这三章，到现在也是出类拔萃的。写这三章时，他博士毕业不久，是把自己的整个博士论文放在了《中国道教史》里。我曾经和他聊天，说："老王，博士论文还是要出版的。"他说："已经放在《中国道教史》里了，就算了吧。"王卡先生参加的另外一个大项目就是《中华道藏》。《中华道藏》在酝酿的过程

---

* 马西沙，中国社会科学院荣誉学部委员，世界宗教研究所研究员，道教研究室原主任。本文系由作者于王卡追思会发言整理而成。

中，我告诉他说，别找太多的人，找一个算一个。但是最后参与《中华道藏》的人还是比较多。课题持续的时间也非常长。其实，《中华道藏》的实际负责人一直就是王卡，而没有第二个人。通过《中华道藏》这个课题，我觉得王卡是一个纯学者，是一个真正能吃亏的人。其实，这个世界上，占便宜的人很多，能吃亏的人很少。王卡虽然有时嘴上不饶人，但他心里是柔软的，而且是负责的。《中华道藏》从各地汇总后，错误很多。全部是王卡一个人在那里改。我问他改得怎样，他说真是改得难啊。所以我们判断一个人的好、坏，他能给我们留下的东西呢，除了他的学问外，还有他的德行。我判断人，就是其能不能吃亏，王卡是个能吃亏的人。和王卡的另一次合作就是大型《清史》的写作。大型《清史》宗教部分的写作是由我来找人。道教这一部分，我第一个就想到了王卡。当然，还有佛教的魏道儒，人物传的金泽等。还有伊斯兰教的秦惠彬等宗教所的朋友。现在看来，这些写作都是很成功的。

我觉得王卡先生最高的学术成就就是敦煌道教文献的搜集整理研究。王卡的《敦煌道教文献研究》在评定以及结项时，我也参加了，我给了100分。院科研局找到我，说："有这么给分数的吗？"我说："你让我评，我就这么给分。"因为日本学者大渊忍尔关于敦煌方面研究的积累，已经用了二三十年了。王卡在敦煌文献上是尽量搜集整理，哪怕是一个碎纸条，也要把它好好整理下来。至少从我们现在来看，王卡的成果超越大渊忍尔的部分有百分之六十。当然，王卡还有其他的著述。

1987年在五台山，我们召开《中国道教史》的最后一次会议。我找王卡聊，说："老王，你有没有兴趣来当道教研究室的副主任？如果有的话，我可以推荐到所里。这样咱们可以一起合作来做事。"王卡欣然同意。从此，我们一直合作做事。

《中国道教史》我认为还是比较成功的。第一，它拿了第一届中国社会科学院优秀成果奖。第二，蜂屋邦夫在香港开会时，找到我说，想翻译这部《中国道教史》。但是，当时没有签订翻译合同。两位老先生先后去世。2012年蜂屋邦夫给我写了封信，还是希望翻译《中国道教史》。他们认为这是最好的一部《中国道教史》。现在回过头来看这部书，不是没有缺点，但是确实是我们宗教所的一个光荣，是我们社科院的一个光荣。

但是不是说道教室其他成果拿不出手，还有很多成果是拿得出手的。

今天我们开追思会，纪念王卡先生，在场来了很多年轻人，有王卡先生的学生，有我的学生。我的学生和他的学生经常在一块讨论学问。我想问在座的年轻人一个问题，你们在三十多岁的时候，能不能写出王卡在《中国道教史》里的那三章？请你们回去看一看王卡写的那三章。我们纪念王卡，一个是纪念他的德行，王卡是一个能吃亏的人。说老实话，他当个学部委员是没有问题的。纪念王卡，要纪念什么呢？要纪念他的为人和学术。你们能不能有王卡那样拿得出手的东西？刚才新平说了，像王卡这样的学者，我们所越来越少了。这也就是我们岁数大一点的人所担心的东西。写《中国道教史》时，道教研究室人才济济。每个人都有自己的专业。所以，我希望我们道教室，第一条是要团结，人生一世没有什么了不起的大事。干一行要爱一行，就要搞好那行。每天都要想，精诚所至金石为开，没有什么做不了的事情。我希望王卡的学生以及我的弟子学习王卡的精神，这才是真正的纪念他。写出不朽的作品，写出能留在世上的作品，哪怕有一两部就是成功的。

最后，我要安慰尹岚宁，事已至此，希望你要好好生活。王卡有时很豁达，你也很豁达，你是一个极其豁达的人。这就是杨秋燕极其喜爱你的地方。我希望你很好地生活。这样才能让王卡安息。

谢谢诸位。

新闻报道

讣　告

中国社会科学院长城学者，中国道教学研究的重要学者，国际知名的道教研究权威，中国社会科学院道家与道教文化中心主任，中国社会科学院世界宗教研究所研究员，四川大学兼职教授，华中师范大学特聘教授，中国道教学院特聘教授，博士生导师王卡先生，因病于 2017 年 7 月 16 日 23 时 30 分在西藏林芝离世，享年 61 岁。

王卡先生，1956 年 12 月生，河北广宗人。1978 年考入中国社会科学院研究生院，师从王明先生。1989 年获哲学博士学位。

王卡先生主要从事道教历史、教义及文献学等方面研究。撰有《敦煌道教文献研究——综述·目录·索引》、《老子道德经河上公章句》（古籍整理）、《道教经史论丛》、《道教史话》、《新译道门观心经》、《三洞拾遗》（主编）、《洞经乐仪与神马图像》、《道家学术思想概述》（待出）等论著。其在道教文献研究上造诣颇深，主编《中华道藏》、《三洞拾遗》、《中华大典·宗教典·道教分典》等大型道教古籍整理项目。主持并完成社科基金重点项目《敦煌道教文献图录编》，国家重点项目"清史·宗教志·道教篇"，国家重大文化出版工程《中华大典·宗教典·道教》等项目。多年来发表《王屋山上方真元道派续考》《雍正皇帝与紫阳真人——兼述龙门派宗师范青云》等学术论文百余篇。

其代表著作《敦煌道教文献研究——综述·目录·索引》，利用敦煌藏经洞发现的道教文献，考察隋唐时期敦煌地区道教发展的历史概况、并全面整理敦煌道教文献，解决道教研究中诸多悬而未决的问题。其搜索世界各国收藏的敦煌遗书，考订并分类著录其中的道教文献，编制一份尽量完整并且实用的文献目录和收藏索引。该书是敦煌学界和道教学界的学者查阅或利用敦煌道教文献资料的必备书目。《道教经史论丛》一

书，分《经史篇》《敦煌篇》《域外篇》《现代篇》四部分，收录作者研
究道教文献和历史的论文 30 余篇。该书亦体现了作者在道教历史、教义
及文献学等方面多年研究的学术贡献。

王卡先生，崇尚真理、眼界高远、学殖深厚、道德高尚。他的一生，
是报效国家的一生，是献身学术研究的一生！

王卡先生的辞世，是中国社会科学院世界宗教研究所的重大损失，
是我国宗教学、道教学界的重大损失。我们要继承和发扬王卡先生的优
秀品质与学术精神，为搞好中国宗教学以及道教学研究而努力奋斗。

王卡先生千古！

中国社会科学院世界宗教研究所
中国宗教学会
二〇一七年七月十七日

王卡先生遗体告别仪式在拉萨西山殡仪馆举行

　　2017 年 7 月 20 日上午，中国社会科学院世界宗教研究所研究员王卡先生遗体告别仪式在西藏拉萨西山殡仪馆举行。王卡先生因病于 2017 年 7 月 16 日 23 时 30 分在西藏林芝辞世，享年 61 岁。

　　王卡先生是中国社会科学院长城学者，中国道教学研究的重要学者，国际知名的道教研究权威，博士生导师。中国社会科学院道家与道教文化中心主任，中国社会科学院世界宗教研究所研究员，四川大学兼职教授，华中师范大学特聘教授，中国道教学院特聘教授。

　　王卡先生的研究领域非常宽泛，在道教的历史宗派、经典文献、思想哲学等方面都有不少相当有分量的研究成果出版。其中最为突出的贡献应该是对道教文献的整理与研究，特别是在敦煌道教文献的整理和研究方面，是世界权威学者，还担任《中华道藏》常务副主编、《三洞拾遗》主编，著有《敦煌道教文献图录编》《道教经史论丛》等，以及论文百余篇。

　　王卡先生病逝之后，中国社会科学院世界宗教研究所赵文洪书记带队于 7 月 17 日赴西藏林芝对王卡老师的家属进行了慰问。

　　7 月 20 日，王卡先生的遗体告别仪式在拉萨举行。世界宗教研究所赵文洪书记，科研处副处长苏冠安，道教研究室主任汪桂平、副主任李志鸿，以及西藏社会科学院、《世界宗教文化》编辑部代表和王卡老师的学生、家属等 20 余人赴拉萨参加告别仪式。

　　中国社会科学院、中国社会科学院世界宗教研究所、中国社会科学院哲学研究所、陕西社会科学院、云南省社会科学院、上海社会科学院、北京大学、中国人民大学、中国政法大学、中央民族大学、四川大学、华中师范大学、浙江大学、华侨大学、中南大学、西南大学、辽宁大学、

中国宗教学会、中国道教协会、中国敦煌吐鲁番学会、台湾中华宗教哲学研究社、中华书局等 40 多家单位敬献了花圈。此外还有众多国内外单位和学者发来唁电。

赵文洪书记在悼词中指出，王卡先生是一位有家国情怀的学者，对中华文化始终怀有深厚的感情，他的品格之高尚、学术态度之严谨值得我们所有人学习，他的辞世不仅是世界宗教研究所的重大损失，也是宗教学界的重大损失。

中国社会科学院世界宗教研究所

2017 年 7 月 20 日

王卡先生追思会暨王卡先生学术思想座谈会在京举行

（中国宗教学术网 2017年8月14日）

王卡先生追思会暨王卡先生学术思想座谈会，2017年8月8日在中国社会科学院世界宗教研究所会议室举行。

王卡先生是中国社会科学院长城学者，中国道教学研究的重要学者，国际知名的道教研究权威，中国社会科学院道家与道教文化中心主任，中国社会科学院世界宗教研究所研究员，四川大学兼职教授，华中师范大学特聘教授，中国道教学院特聘教授，博士生导师，于2017年7月16日在西藏林芝病逝，享年61岁。

为了缅怀王卡先生，纪念他在道教学术上的卓越贡献，世界宗教研究所举办了本次会议。出席会议的领导和学界前辈有：全国人大常委、中国社会科学院世界宗教研究所卓新平所长，世界宗教研究所贾俐副所

追思会现场1

长，中国社会科学院荣誉学部委员、世界宗教研究所道教研究室原主任马西沙研究员，中国社会科学院荣誉学部委员、世界宗教研究所杨曾文研究员，世界宗教研究所原副所长金泽研究员，世界宗教研究所周燮藩研究员，中央统战部朱越利先生，上海师范大学李申教授，王卡先生夫人尹岚宁老师，等等。来自有关单位的代表有：中国道教协会孟至岭副会长、袁志鸿副会长，四川大学道教与宗教文化研究所盖建民所长，浙江温州基督教会柳市堂郑利华长老，等等。还有来自中国社会科学院（宗教所、民族所、哲学所、历史所、图书馆）、北京大学、北京师范大学、中国政法大学、首都师范大学、北京中医药大学、上海师范大学、天津社会科学院、长安大学、陕西师范大学、国家文物局、中华书局、社会科学文献出版社、北京周氏宗亲会、台湾中华宗教研究社、台湾极忠文教基金会、中国道教协会道教文化研究所、中国道教学院、北京东岳庙、邓州市道教协会、婺源至真观等单位的专家学者和道教界人士等百余人参加了本次会议。

卓新平所长在致辞中说到，王卡先生思想深邃，很有独到之处，对我们理解中国思想的发展和中国精神的特色有着重要的启迪。王卡先生是我们研究所能够独当一面、出类拔萃的学者之一。王卡先生又是一位充分体现道家潇洒、超脱精神的朋友，大家经常被他睿智的见解和开朗的态度所折服。王卡先生英年早逝，我们非常痛惜、非常悲痛。我们怀念王卡先生，就是要齐心协力把中国宗教学、道家道教研究推向深入。在此我代表世界宗教研究所向王卡先生做出的杰出贡献表示深深的感谢，向前来参加追思会的各位来宾表示深深的谢意。请王卡先生家属节哀、保重身体。

世界宗教研究所党委书记赵文洪研究员，因在外地调研，向会议发来书面致辞。赵书记指出，王卡先生热爱祖国，关心中华优秀传统文化的传承。他以学术报国，治学的勤奋达到了废寝忘食、呕心沥血的程度。作为十八军军人的后代，他对西藏怀有深厚的感情，他最终在西藏逝世，是西藏情结的体现。在单位，他关心研究所的建设，乐于助人。对学生，他倾注厚爱，诲人不倦。王先生在治学上考订精详，分析缜密，论从史出，视野开阔。近年来王先生提出"大道教""中国本土宗教"等概念，

追思会现场 2

追思会现场 3

引起了学界的广泛讨论，这些观点给中国宗教学研究带来了新思路。

　　马西沙先生回忆了与王卡先生长期合作的工作经历，讲述了王卡先生在《道藏提要》、《中国道教史》、《中华道藏》、《清史》宗教部分、《敦煌道教文献研究》等重要科研项目中的学术研究。其中特别指出，王卡先生参加的《中国道教史》（1990年出版），获得中国社会科学院第一届优秀科研成果奖。其中王卡先生写的这三章到现在看也是最棒的，他是把博士论文放进了《中国道教史》，而没有专门出版。在《中华道藏》的编纂中，王卡先生是真正的负责人，是一个纯学者和真正能吃亏的人，全部编纂工作是他一个人在改。王卡先生的最高成就是《敦煌道教文献研究》。在此之前，日本学者大渊忍尔的研究成果已用了二三十年，王卡的研究大幅度超过了日本学者。马西沙先生还殷切希望青年学者和学生，要学习王卡先生的为人和学术，真正的纪念，就是要写出不朽的作品。

与会人员纷纷发言，深切缅怀王卡先生。大家认为，王卡先生继承了王明先生严谨治学、精于考证的学术传统，在道教文献和道教历史研究领域取得了巨大的成就。王卡先生思想敏锐、眼界高远，对中国宗教学的发展有着独到的见解。王卡先生不仅是中国道教学研究的重要学者，也是国际知名的道教研究权威。与会青年学者、王卡先生的学生等，纷纷表示要学习王卡先生勤奋严谨的治学精神和学术报国的道德情怀。在道教学、宗教学研究中尽快成长为报效国家的栋梁之材，就是对王卡先生最好的怀念。

道教研究权威、《中华道藏》常务副主编王卡去世

朱　凡（澎湃新闻记者）

7月17日上午，中国社会科学院世界宗教研究所、中国宗教学会发布讣告称，中国社会科学院长城学者，中国道教学研究的重要学者，国际知名的道教研究权威，中国社会科学院道家与道教文化中心主任，中国社会科学院世界宗教研究所研究员，四川大学兼职教授，华中师范大学特聘教授，中国道教学院特聘教授，博士生导师王卡先生，因病于2017年7月16日23时30分在西藏林芝离世，享年61岁。

王卡出生于1956年12月生，河北广宗人。1978年考入中国社会科学院研究生院，师从现代著名道教研究者王明先生。1989年获哲学博士学位。

中国社会科学院世界宗教研究所研究员汪桂平与王卡共事长达20多年。7月17日，在兼程赶往林芝途中，她通过电话和微信接受了澎湃新闻的采访。汪桂平表示，王卡先生的去世非常突然，"事先毫无征兆"。

据汪桂平介绍，王卡的研究领域非常宽泛，在道教的历史宗派、经典文献、思想哲学等方面都有不少相当有分量的研究成果出版。而其中最为突出的贡献应该是对道教文献的整理与研究：道教文献整理方面，王卡早年点校整理的《老子道德经河上公章句》，多次再版，长销不衰，至今仍然是《老子》河上公注的权威和必读版本。从1996年至2004年，王卡作为常务副主编，主持编纂《中华道藏》，最终形成一部精心设计制作、合乎现代学术规范、方便适用的大型古籍整理丛书。为了这套丛书，王卡倾注了将近十年的心血，其工作涉及增补古佚道书、重新分类编排、重编目录索引以及版式设计、标点订正等各个环节。在终校期间，他几

乎每天工作达 14 小时以上，进行逐字逐句的订正，最大限度地保证了《中华道藏》的质量。2004 年《中华道藏》共 48 册出版后，王卡又耗费了三年的时间，编成第 49 册"目录索引卷"，其中的《引用书名笔画索引》将全部道藏经书中引用的书名一一标出，开创了前所未有之功业，是道经目录研究的重要成果，嘉惠学林，功德无量。

道教文献研究方面，王卡先生对敦煌道经的整理与研究具有国际性影响力。自 20 世纪敦煌遗书发现以来，敦煌学就成为一门国际性显学，其中对敦煌道教文书的研究早期主要是日本和欧美学者，如日本学者大渊忍尔撰成的《敦煌道经目录编》和《敦煌道经图录篇》，共著录敦煌道经 496 件，代表着当时敦煌道经研究的最高成就。而王卡教授后来撰写的《敦煌道教文献研究——综述·目录·索引》，著录的敦煌道经增至 800 多件，是迄今最为完备的工具书，已经超越了日本学者的研究，是敦煌学界和道教学界的学者查阅或利用敦煌道教文献资料的必备书目。接下来的计划是搜集整理敦煌道教文献写本图片并释文，编成《敦煌道教文献合集》，可惜这项工作即将接近尾声之时，王老师却驾鹤仙去。"相信王老师的学生们会继续老师未竟的事业，尽快地将图录部分编成出版，以告慰先生的在天之灵。"

汪桂平特别指出，王卡先生正当英年，思想醇熟，积累深厚，除了《敦煌道教文献合集》之外，手上还有多部完稿等待出版的著作，如《道家思想简史》、《中国本土宗教研究》（主编）、《金盖心灯》（古籍整理）等。其中《道家思想简史》是王卡近两年的倾力之作，用通俗易懂的语言、专业严谨的文风勾勒出了从先秦道家到近现代约两千年的道家思想史，体现了先生深厚的学术功底和睿智的思想光芒。《中国本土宗教研究》是王卡创办并担任主编的一部集刊，他创新性地提出"中国本土宗教"的概念，是想通过对这些以中国传统思想文化为基底而形成的本土宗教的研究，寻求中国宗教发展的特点，回应西方宗教的理论挑战。"记得 7 月 4 号（日）还向先生电话汇报集刊的编辑和出版情况，不意竟成永诀！"

王卡的论著还包括《道教经史论丛》、《道教史话》、《新译道门观心经》、《三洞拾遗》（主编）、《洞经乐仪与神马图像》等。除社科基金重点项目"敦煌道教文献图录·释文"外，还主持并完成了国家重点项目"清史·宗教志·道教篇"，国家重大文化出版工程"中华大典·宗教典·道教"等项目。多年来发表《王屋山上方真元道派续考》《雍正皇帝与紫阳真人——兼述龙门派宗师范青云》等学术论文百余篇。

　　汪桂平最后说："闭目沉思，先生的音容笑貌宛在眼前。睁眼远眺，先生已驾鹤仙游。梦醒时分，潸然泪下，五内俱焚！我们一定会竭尽所能，完成先生未竟之事业，愿先生安息！"

2017 - 07 - 18　09：48　来源：澎湃新闻

著名道教学者王卡先生追思会在
中国社科院举行

中国道教协会网

中国社会科学院长城学者，中国道教学研究的重要学者，国际知名的道教研究权威，中国社会科学院道家与道教文化中心主任，中国社会科学院世界宗教研究所研究员、博士生导师、道教研究室原主任，中国道教学院特聘教授王卡先生，于2017年7月16日在西藏林芝病逝，享年61岁。

为缅怀王卡先生，纪念他在道教学术上的卓越贡献，中国社会科学院世界宗教研究所于8月8日举行"王卡先生追思会暨王卡先生学术思想座谈会"。来自全国各地的专家学者和道教界人士近100人参加追思会。

全国人大常委、中国社会科学院世界宗教研究所所长卓新平研究员，中国社会科学院荣誉学部委员、世界宗教研究所道教研究室原主任马西沙研究员，中国道教协会副会长、中国道教学院副院长孟至岭道长，中国道教协会副会长、北京东岳庙住持袁志鸿道长等出席追思会，并发言。

孟至岭道长在发言中高度评价了王卡先生渊博的学识、严谨的治学态度和认真负责的教学风范，并代表中国道教学院感谢王卡先生为培养道教人才付出的心血，对王卡先生表示深切的怀念。

袁志鸿道长深情地回顾了与王卡先生交往的历程，感念王卡先生对道教界学术建设的关心和支持。

中国道教协会道教文化研究所所长尹志华副研究员回顾了王卡先生为编纂《中华道藏》付出的巨大艰辛，以及为推动《中华续道藏》编纂工程立项而做出的努力。

与会人士纷纷发言。他们从不同角度回顾了王卡先生的学术风范和人格魅力：学术报国，以弘扬中华优秀传统文化为己任；严谨治学，"文章不写半句空"；淡泊名利、甘坐冷板凳、数十年如一日进行艰苦的学术探索；学术视野广阔，从哲学到量子力学，不断探索新知；不计报酬、为《中华道藏》等大型文化工程默默奉献；关心后学、倾囊相授、诲人不倦；一身正气，自由洒脱，秉持良知，直抒己见，从不曲学阿世。

　　王卡先生千古。

中国道教协会

追思会发言及悼念文章

在王卡先生遗体告别仪式上的致辞

赵文洪

尊敬的尹岚宁老师，尊敬的各位亲朋好友，各位领导，各位来宾，同志们：

苍天呜咽，乌云含悲！

今天，我们怀着无比悲痛的心情，在这里举行王卡先生遗体告别仪式，送别我们的一位同事，一位挚友，一位亲人，一位英年早逝的著名学者。

王卡先生有着优秀的品格。

他热爱祖国，关心国家和民族命运，关心中华优秀传统文化的传承。

中国社会科学院世界宗教研究所党委书记赵文洪致悼词

他以学术报国，治学的勤奋达到了废寝忘食、呕心沥血的程度。作为十八军军人的后代，他对西藏怀有深厚的感情。他在林芝买房，他最终在西藏辞世，这是他西藏情结的体现。

他光明坦荡，正直耿介，坚持真理。在单位，他关心研究所的建设，乐于助人。对学生，他倾注厚爱，诲人不倦。

王卡先生的优秀品格，值得我们永远学习。

王卡先生是道教学研究的国际权威学者，在道教历史、文献、义理方面成就卓著。同时，也是中国宗教学研究的重要学者。我们以为，王先生在学术研究上最为重要的成就有二。

一 考订精详，分析缜密

作为国际知名的道教文献专家，王卡先生曾数次通读《道藏》，对敦煌道教文献更是了然于胸。在这样的基础上，王先生对道教文献的考订与分析往往都被国际道教学界公认为确论。他的许多判断也往往成为道教史、文献史中的直指丹田之作。

二 论从史出，视野开阔

王卡先生以治道教史、道教文献而闻名于国际学界，但视野并不局限于此。近年来，王卡先生对中国传统宗教的宗教型态及其思想体系进行了深入思考，引起了学界的广泛讨论。

王先生曾经提出"大道教"这一学术概念，力图将道教研究的视野扩大到民间信仰领域。进而，又提出"中国本土宗教"一词，涵括中国道教、中国佛教、中国民间信仰等宗教类型，充分讨论了有别于西方一神教的独特的中国宗教系统，推动了中国宗教类型学的探究。以此为基础，王先生提出中国本土宗教具有与西方宗教不同的"虚神"信仰。王先生认为，中国宗教应该多元一体，树立开放的文化本位主义，既不拒绝外来的先进思想，自己文化的主体性也不能丢，要以道教的真精神走儒家的旧途径。

可以说，这些观点给中国宗教学研究带来一股新风。

斯人已逝，来者可追！

7 月 20 日，在西藏拉萨西山殡仪馆举行告别仪式

明末清初大学者顾炎武曾经论及研究学问的方法。他以为古人治学是"采铜于山"，今人治学是"买旧钱而重铸"。没有"采铜于山"的积累，就不可能期待厚积薄发的来到。"采铜于山"本质上是开生荒的工作。王卡先生曾经说过，在道教学研究中，生荒还有很多，那么，在我们缅怀王先生之时，也让我们学习先生那种开生荒的勇气，与"采铜于山"的魄力，继承先生的遗志，做好中国道教学及宗教学研究。

长歌当哭，天地欲绝！

王卡先生，一路走好！

中国社会科学院世界宗教研究所道教与民间宗教研究室
主任汪桂平研究员致悼词

在王卡先生追思会上的讲话

卓新平[*]

今天，我们以沉痛的心情在此追思王卡先生。王卡先生的去世是我们研究所的重大损失，也是中国宗教学术界的重大损失。王卡先生是非常优秀的学者，他的许多文章、发言，包括他跟大家讨论中表达的思想见解，都是非常深邃的，而且很有独到之处。最近我们从许多媒体上看到了他的许多精彩论述，现在把他的文章重新展现出来，回顾他的思想发展轨迹，对我们反思中国思想的发展和中国精神的特色都有着非常重要的启迪意义。从这个方面来讲，我们这个追思会，同时也是学术思想座谈会。在座的各位朋友，在这方面肯定会有很多的阐发和真知灼见。

王卡先生是我们研究所为数不多的二级研究员之一。在今天不少研究所转型之际，应该说出类拔萃的学者、在各个领域能够独当一面的学者是越来越少。所以，王卡先生英年早逝，一方面我们非常痛心、悲伤，另一方面也希望我们研究所的后辈，能够继承王卡先生在学术上的遗志，在尽量短的时间内填补这方面留下的遗憾和空白，形成学术研究上的必要传承和可持续发展。在我们研究所的学术建设上，我们希望青年学者能够继承王卡先生学术的执着、学术的毅力和学术的智慧，使我们研究所的学术研究工作，尤其是道教研究继续开拓、往前迈进。

王卡先生又是一位充分体现道家潇洒、超脱精神的知心朋友。在社会上，特别是在研究所，有很多的朋友，大家在一起无话不谈，我们经常为他睿智的见解和非常开朗的态度所折服。我们因而也非常痛心失去了这样一个在平常交往中好的朋友，好的同学。

---

[*]　卓新平，中国社会科学院世界宗教研究所前所长、研究员。

最近，中国社会科学院刚刚举行了纪念建院 40 周年的系列活动。在纪念建院 40 周年的时候，我们回顾反思了一下，从 1978 年进入我们社科院在职的研究学者应该说越来越少，大部分已经退居二线。我们社科院尤其是宗教研究所的发展已经到了一个非常关键的转型时期。我们大家向王卡先生学习，就是要在我们的学术传承上继续往前走。对王卡先生在学术领域上的具体贡献，我本人是个外行，在座的许多专家学者则是内行，可有更多的评论和发言权。我在此仅仅代表我们研究所和我个人，对王卡先生在世界宗教研究方面做出的杰出贡献表示深深的感谢。同时，对王卡先生英年逝世，表示我们巨大的悲痛和深沉的怀念。

我们怀念王卡先生，也是为了今后学术界齐心协力把中国宗教学，尤其是道家道教思想的研究推向深入。在此，我也再一次代表世界宗教研究所对各位朋友来到研究所表示深深的感谢。同时代表我们研究所，请王卡先生家属一定要节哀、保重身体。要看到我们都是王卡先生的朋友，我们一定会努力，把王卡先生未竟的事业继续下去。这里，我既代表我们研究所，也代表我个人做这个简短的追思发言，表达我们的怀念，寄托我们的哀思。

我也要代表我们研究所向各位参会的老师、朋友们表示感谢。应该说，大家追思王卡先生，先是以一种非常悲痛的心情开始，但就在展示他的思想的过程中，则慢慢地从悲痛中间超脱出来，进而感受到他的这种人格魅力在于一种自由、洒脱的精神境界。所以说，这才真正体现出王卡先生的真精神，而且集中体现在他那扎实的学问功底、自由的思想认识之上。这其实也是我们中华民族的真精神。所以，我参加过很多宗教学术的研讨会，其中就特别喜欢参加道家道教思想的研讨。而且，我觉得中国精神的意义和真谛在道家的思想里面博大精深，蕴涵丰盛，还没有很好地发掘出来，现在有不少学者正在其中努力探索，王卡先生就属于发掘这种精神的出类拔萃之辈。

在王卡先生精神的感染下，我们研究所研究道家道教的学者群体也有这种精神，国内道教学术界也有这种精神，非常洒脱、浪漫。这种洒脱、浪漫，让我们深感佩服。我也是经历了这样一些事情。刚才谈到王卡先生穿着短裤、拖鞋，不顾外在的习俗形式，到最高学术殿堂来却可展示出其杰出的思想才智。我参加过不少道教学术会议，包括国际道教学术研讨会，最初我还有些拘谨、小心，但看到大家毫无顾忌地畅所欲言，尽情地高谈阔论，但其内容却谈得非常有思想、有境界，也会深受感染，不知不觉就会融入其中。

我们纪念王卡先生，就是要把中国的这种哲学，这种浪漫、深邃的精神，放大发挥出来，这将是我们对中国思想研究的贡献。其实，如果我们认真想一想，就会发现毛主席之所以成功，就在他的思想中也是充满了中国道家的这种浪漫精神，他对一些事情非常超脱，也看得非常之透。在纪念王卡先生逝世的时候，我想起了毛主席的诗句"天若有情天亦老，人间正道是沧桑"。天长地久，天有情吗？它无情，王卡还这么年轻，就让他仙逝了。我们从这种体悟中间，可清醒地认知，从而达到超脱。确实，人生的正道乃为沧桑，不是那么好走的。我们由此体悟到我们的存在、我们的学问以及我们的任务之定位及其价值。所以说，天虽无情，人却潇洒，正道沧桑，淡定超脱，这就是我们要追求的境界。这种境界不仅在学问中，在人生中也应该体现出来，这样的话，中华民族可以在全人类的文化发展中绽放出人性的光彩。所以，我们在纪念王卡先生的这种悲痛中，也一定要超脱、超越，要达到一种至高境界，这为我们的学问，为我们的人生可能会带来一些启迪和思绪。

最后，再次感谢大家的参加！我也代表所里在此为这次追思会和学术研讨会非常成功的召开，为我们道教研究室所做的很多准备工作和努力，表示衷心的感谢！

忆我与王卡研究员交往二三事

朱越利[*]

一

著名道教学者王卡研究员，是我在中国社会科学院研究生院读书时的同学。那时，他就读于哲学系，攻读中国哲学史专业；我就读于宗教学系，攻读道教学专业。毕业后，王卡同学成了我在中国社会科学院世界宗教研究所的同事。我调离社科院宗教所后，与王卡研究员仍有学术交往。

2017 年 7 月 16 日，王卡研究员不幸于西藏林芝骤然病逝。8 月 8 日，我到社科院宗教所，参加了王卡研究员追思会。第二天我便赶往澳门，参加"第二届澳门临水夫人陈靖姑文化国际学术研讨会"。20 日至 22 日，我出席了在苏州昆山市举行的"2017 海峡两岸道教文化与台商精神家园研讨会"。会议最后一天，苏州市道教协会黄新华秘书长，约我为《江苏道教》写一篇纪念王卡研究员的文章。现写下与王卡研究员交往的二三事，以为纪念。

我和王卡同学从 1978 年至 1981 年，在社科院研究生院学习了三年，获硕士学位。由于我们那一届是首次招生，故而，后来被人们戏称为社科院"黄埔一期"，有 400 多名同学。在那个特殊的年代，"黄埔一期"包括我在内的大多数人，都是从工作岗位上报考的，入学时已过而立之年。有人入学时，甚至已过不惑之年。最年长者，入学时已满 44 岁。社科院首次招生报考者中，不乏师生同考、父子同考的，这使我产生了一

_____

*　朱越利，四川大学道教与宗教文化研究所教授。

种悲壮的感觉，至今挥之不去。而被录取者中，王卡同学是最年轻的男生，入学时年仅 22 岁。最年轻的女生是法学系的信春鹰同学，入学时也是 22 岁。我们宗教学系最年轻的男生是卓新平同学，他只比王卡同学年长 1 岁。我们宗教学系的女生，入学时没有二十几岁的。这三位 20 岁刚出头，出校门即进校门，这在当时实属凤毛麟角。因此，这三位成为社科院"黄埔一期"非常耀眼的"童星"，令人十分羡慕，常被大家谈话时提起。

1981 年王卡同学从哲学系毕业后，分配工作不顺利，耽误了一段时间。无奈之下，王卡同学的导师王明先生，请自己的老同学、时任社科院宗教所所长的任继愈先生帮忙。但宗教所已经没有空余编制了，并且北京的户口也不好上。不过，任继愈先生说话很有分量，他提议院里为宗教所组建了成都工作站①，避开了编制和户口两大难题。

1981 年从宗教学系毕业后，我被留在社科院宗教所工作，工作关系从天津原单位转来。随后，宗教所道教室成立，我担任道教室学术秘书，协助室主任钟肇鹏先生承担室里的行政工作。记得好像是 1982 年上半年的一天，钟肇鹏先生带着王卡同学找到我，说所里已经录取王卡同学和羊化荣先生为成都工作站研究人员，他们进站后的任务是和我们一起撰写《道藏提要》。钟肇鹏先生要我协助王卡同学办理有关手续，今后与他保持联系。

1981 年道教室成立时，研究人员屈指可数。撰写《道藏提要》时，除了阅读《道藏》原文外，还需要比对其他版本，需要查阅历代志书，需要参考多种文献。宗教所图书馆虽有大量藏书②，但对于撰写《道藏提要》来说，远不够用，我们需经常"泡"在院外的各大图书馆里。我"泡"得最多的地方是中国科学院图书馆和北京图书馆③，钟肇鹏先生带着王卡同学，就是在中科院图书馆阅览室找到我的。对于钟肇鹏先生那时的家而言，科图阅览室近在咫尺。王卡同学和羊化荣先生的加盟，为

---

① 成都工作站一共录取了王卡同学和羊化荣先生两人。同时组建的还有昆明工作站。数年后，成都工作站和昆明工作站同时撤销。
② 那时还没有成立社科院图书馆。
③ 今国家图书馆。

《道藏提要》的撰写工作增添了生力军。

　　王卡同学和羊化荣先生住在成都。室里为他们购寄了影印本《道藏》和其他书籍。他们每半年至少到室里来汇报和讨论工作一次，按出差对待，住在社科院崇文门招待所里。宗教所和道教室对他们在成都日常工作的检查，处于鞭长莫及的状态。但是，从他们撰写的提要稿可以看出，数年间，他们一直很自觉，很用功。他们在成都也经常"泡"在当地各大图书馆里。他们撰写的提要稿质量很高，经过修改和完善，都采用了。王卡同学的提要稿，深得王明先生哲学史和考据功夫的真传。

　　数年后，成都工作站撤销，王卡同学和羊化荣先生转入道教室编制，上了北京户口。《道藏提要》1991 年 7 月由中国社会科学出版社出版，封面或扉页上竟然没有我们几位撰稿人的姓名①。那时，我和陈兵教授都已调离社科院宗教所，羊化荣先生也退休还乡了。多亏了王卡研究员在道教室里据理力争，1995 年 8 月修订本的扉页，终于出现了"本书执笔人"的姓名，迟来了几年。

二

　　1997 年 10 月 5 日至 12 日，18 位中国学者组团赴德国，出席了在圣奥古斯汀市召开的"道家与现代化国际学术讨论会"。团员中包括我和王卡研究员。会议期间，安排了参观考察。10 月 7 日，早饭后，全团访问了位于艾费尔（Eifel）高原火山口湖畔的玛利亚拉赫修道院（Kloster Maria Laach）。这座修道院始建于 11 世纪末，气势宏伟。然后，全团驱车前往风光旖旎的博帕德（Boppard）小镇，大家在莱茵河畔的莱茵饭店（Rheinhotel）午餐。饭后，我们沿莱茵河倘徉了一个多小时，接着登上坐落在小山上的莱茵河谷最古老的城堡美丽堡（Schönburg）②。这一天，全团兴趣盎然。我写的《七绝·游德国 Boppard 镇》曰："水蓝夹岸树红黄，山静临街堡挺昂。一溜阳台花挽臂，婴童曳媪沐秋光。"

　　10 月 7 日那天，一位德国朋友的藏族妻子也全程陪同。在她和王卡

① 1995 年，中国社会科学院授予《道藏提要》图书资料二等奖。
② 感谢德国柏林洪堡大学 Volker Olles（欧理源）教授核对本文中的德国地名。

研究员之间发生了一个小插曲，给我留下深刻印象。在全团包乘的大客车上，这位年轻的藏族女士坐在安徽大学李霞教授旁。一路上，她不停地向李霞教授讲西藏的事，汉语普通话讲得和汉族一样。她有意拉大嗓门，想让全车都听到。她愤愤地说：1959 年，"共产党在西藏屠杀了几百万藏人"。在博帕德（Boppard）镇下车后，王卡研究员气愤填膺，主动迎上前去，声色俱厉，与这位藏族女士高声理论。其中有几句是这样说的："你是胡说八道！1959 年时，整个西藏才有一百多万人，上哪里去杀几百万藏人？我父亲是西藏军区参谋长，参加了 1959 年的平叛，叛乱分子死了多少人不比你清楚？平叛中没有死几个人，你不要胡说八道！"这位藏族女士对王卡怒目对视，但没有还嘴。

大家把王卡研究员拉开了。陈鼓应先生主动用英语与藏族女士攀谈。不一会儿，陈鼓应先生走过来告诉我们说："她父亲在'文革'中被斗死。她的激愤情绪，事出有因。但说的事情，违背历史。"回国后，与藏族干部闲聊时，我顺便问了一下这位藏族女士父亲的事。他们说她的父亲是领导干部，不知为何被降职或撤职了。这是另一版本的说法。这位藏族女士有激愤情绪，的确乃人之常情。但无论家人受了多大委屈，也不该向自己的祖国泼脏水。王卡研究员的父亲亲身参加了西藏平叛斗争。一听到有人抹黑西藏平叛，王卡研究员同样激愤起来，也是人之常情。王卡研究员只是澄清事实，维护国家形象，并没有上纲上线，做得很对。当然，他如果能克制一点儿自己，更注意一下礼仪，会更好。

不知是从旁人的介绍，还是从这位藏族女士的自述中，我知道她毕业于中央民族学院①，是我的校友。我觉得我应当同校友打招呼，而且，如果我说藏语，可能容易被接受。大家边走边赏景时，我走近她，用藏语自我介绍说："我也是中央民族学院毕业的。"果然，她立即感兴趣地用藏语问我："你是藏族，还是汉族？"我用藏语回答说："我是汉族，但是学藏语，多次进藏。"我继续和颜悦色地用藏语说："毕业多年了，我很怀念母校。母校把我们培养成大学生，不容易。我感谢母校，感谢祖国。"我还想多谈一些，但许多单词怎么也想不起来了。她没有回应我的

① 中央民族学院后改称中央民族大学。

话题，而是用藏语谈了几句别的，岔开了。她那时显得平静多了。第二天她没有再出现。

三

2000 年秋季，我开始筹划《道教学译丛》①。王卡研究员欣然应邀担任编委，他是《道教学译丛》编委会最早的几位创始编委之一。至今，编委会已经扩大到 42 人了，已经翻译出版了 20 种海外道教学著作。

早期的《道教学译丛》编委会，开会比较频繁。国内外召开的历次道教学术会议，都有不少《道教学译丛》的国内外编委参会。我们经常利用学术会议会期中某一天的晚餐，在餐厅召开编委会议。更多的时候还是在京的编委随机开会。在京的编委会议，由王卡研究员安排在宗教所道教室召开过。另外，在有的大学、有的宫观也召开过，在多家饭馆召开的次数更多。这些在京编委会议，王卡研究员如果在京，总会参加。有一次，在北京大学哲学系会议室召开编委会议。我到了以后，环顾众人，看见来北京出差的编委、四川大学李刚教授都到会了，但是没有看见王卡研究员，遂心生疑惑。我连忙询问王宗昱教授，是否忘记通知，或者王卡研究员出差了？王宗昱教授笑着回答说："王卡早就到了。烟瘾上来了，到楼外面抽烟去了。"听到王宗昱教授的回答，大家会心地笑了起来。

王卡研究员性情率真。在编委会议上，王卡研究员勇于发言，不惧争论，经常"放炮"。他认为《道教学译丛》应当翻译那些至今仍没有被超越的著作。他不赞同翻译那些观点和资料都已被我们熟悉的老著作。比如，当初有学者提名翻译日本大渊忍尔教授著《敦煌道经目录编》时，他坚决反对。当 2004 年他著的《敦煌道教文献研究——综述·目录·索引》出版后，他的反对更是理直气壮。他说："我的《敦煌文献》比《目录编》增加了 300 多种道经，还纠正了大渊忍尔不少错误，翻译他的《目录编》还有用吗？"

---

① 出版前三本时，叫作《海外道教学译丛》。从第四本开始，改称《道教学译丛》。

　　我认为，我们当然要优先翻译今天仍站在制高点的新老著作。同时，我们也应当研究海外道教学术史，在历史上曾经做出重要学术贡献的精品我们也应翻译，以便对外国道教学者的贡献做出评价，以便更深入地借鉴他们的学术理论和研究方法。这也是参与中外文化交流的一种方式。我解释为何要翻译《敦煌道经目录编》说："此书出版于 1978 年，在那个年代是敦煌道经研究的巅峰著作。若要研究日本道教研究史，特别是对年轻学者来说，阅读这部著作必不可少。"

　　我的意见代表了多数编委的看法。王卡研究员最终赞同《敦煌道经目录编》立项，并认真地担任了这部译著的责任编委。这部著作由隽雪艳教授和赵蓉副教授翻译成功，于 2016 年 10 月由齐鲁书社出版。

　　王卡研究员还一直担任着日本小柳司气太教授编著《白云观志》（待译）的责任编委，担任过一个时期的美国鲍菊隐教授著《道教文献通论》（待译）的责任编委。可惜译者难寻，这两部著作的翻译至今遥遥无期。专著《敦煌道教文献研究——综述·目录·索引》，是王卡研究员宝贵的学术遗产。他作为《道教学译丛》编委，负责《敦煌道经目录编》中译本的审稿，也为学术做出了不小的贡献，也给后人留下了纪念。

　　2004 年下半年，北京燕山出版社编辑室杨韶蓉主任，请我主编《道藏说略》，说是白化文教授推荐我的。自 2005 年初开始，我逐一邀请作者。当我邀请王卡研究员时，他一口答应。《道藏说略》于 2009 年 6 月出版。2011 年，第二届中国出版政府奖评委会审议《道藏说略》时，全票通过。后来技术组审查，发现书中有一处年代标错了，《道藏说略》因此降格为提名奖。王卡研究员写的那篇《敦煌道经说略》，没有这样的错误。

　　王卡研究员和其他学者出任《道教学译丛》编委，以及参与撰写《道藏说略》，主要是出于学术使命感，其次也是对我的支持。我衷心感谢他们，同时，也尽我所能回报他们。

　　社科院宗教所的领导和有的学者，经常邀请各研究室主任为所内外主编的一些大型书籍撰稿。道教室王卡主任很忙，许多都谢绝了。我已经调离宗教所了，但宗教所的老朋友接下来就转而邀请我。有人说，我仍把你看作宗教所的人。有人说，我总觉得你没有调离宗教所。这些话，使我非常感动。我尽管也忙，但许多约稿我都答应了①。我不愿驳老朋友的面子。同时我也在想：我客观上是在替王卡研究员承担约稿，这对于他处好所内关系，也许略有裨益。这种想法，也是促使我答应约稿的一个因素。

四

王卡研究员作为道教学者，对道教怀有深深的文化感情，他勇担《中华道藏》副主编的重任就是明证。还有一个证明与我略有关系。

2011 年 7 月 12 日至 15 日，我赴上海出席了"第三届海峡两岸宗教学术研讨会——现代化进程与当代宗教的走向学术研讨会"。会议期间，苏州市道教协会副会长熊建卫道长找到我。他当时在陈国符先生的家乡常熟市的真武观兼任住持。他仰慕著名道教学者陈国符先生，遂萌生了在真武观纪念陈国符先生的想法。熊建卫住持请我帮他策划和组织纪念性学术会议。他说他的想法已经获得隆力奇集团公司徐之伟董事长的支持。我很赞赏他的想法。我觉得这次会议，如果由社科院宗教所出面召开，会更有影响。于是，我建议熊建卫住持与王卡研究员联系。他接受了我的建议。

王卡研究员愉快地接受了熊建卫住持的邀请。在熊建卫住持和王卡研究员的共同策划和组织下，2012 年 8 月 19 日至 21 日，由社科院宗教

---

① 我应宗教所邀请参与撰稿的书籍大致有：汝信、易克信主编《当代中国社会科学手册》，社会科学文献出版社，1988；《中国大百科全书·中国历史卷》，中国大百科全书出版社，1992；廖盖隆等主编《马克思主义百科要览》，人民日报出版社，1993；张岱年主编、牟钟鉴副主编《中国思想文化典籍导引》，中共中央党校出版社，1994；来新夏、徐建华主编《古典目录学研究》，天津古籍出版社，1997；姜汝真主编《中国传统文化的历史阐释与现代价值》，山西教育出版社，1997；吴云贵主编《中国现代科学全书·宗教卷》，当代世界出版社，2000；曹中建主编《中国宗教研究年鉴（1997—1998）》，宗教文化出版社，2000；罗传芳主编《道教文化与现代社会》，沈阳出版社，2001；任继愈、卓新平主编《20 世纪中国学术大典·宗教学》，福建教育出版社，2002；邴正、邵汉明主编《20 世纪中国学术回顾》，吉林人民出版社，2005；王子华编《中国宗教研究百年书目（1900—2000）》，中国文化出版社，2008；卓新平主编《20 世纪中国社会科学·宗教学卷》，广东教育出版社，2009；王子华、何险峰主编《中国宗教学著作提要（1949—2016）》（待出版）；等等。

所、中国道协主办的"陈国符先生与中国道教研究"学术研讨会，在常熟真武观成功举办。在开幕式上，陈国符铜像和《陈国符铜像铭》碑揭幕。铜像由香港一湾圣坛郑阳率众弟子敬立，铭文由刘仲宇教授撰写。为著名道教学者开会、立像、树碑，是常熟真武观在中国大陆的创举。

我没有参加 2012 年常熟真武观陈国符研讨会。将近两年后，2014 年6 月 27 日至 29 日，我到常州出席了"2014 横山道教论坛——财神文化研讨会"。会后，6 月 30 日，熊建卫住持接我到常熟真武观考察。在真武观，我瞻仰了陈国符铜像，肃然起敬。我拜读了碑文。《陈国符铜像铭》曰："考道藏之源流，索黄白之幽隐，扬洞天之仙音，率真其性，恬淡其德，精醇其学，方正其行，巍乎高峰，沛乎时雨，引领后进，滋润学林。"铭文简洁流畅，掷地有声。

2012 年常熟真武观陈国符研讨会召开前后和会中的情况，刘仲宇教授向我详细介绍过。瞻仰了陈国符铜像和拜读了《陈国符铜像铭》后，我更加真切地感到那次会议与众不同。2012 年常熟真武观陈国符研讨会，加深了各界对陈国符先生的认知，体现了内地广大道士对学术、对学者的尊重，彰显了内地道教的高品位。熊建卫住持和王卡研究员，共同策划和组织了那次彰显高品位的学术会议，做了一件具有特殊意义的好事。

我出席 2014 年常州财神研讨会前不久，胡孚琛研究员打电话向我报喜，告诉我陈国符著《道藏源流考》新修订版即将出版。陈国符先生出生于 1914 年 11 月 19 日。2014 年 6 月 30 日在常熟真武观茶叙时，熊建卫住持和隆力奇集团公司徐之伟董事长、李文耀副总经理，一起向我提出，他们想再召开一次研讨会，主题是纪念陈国符诞辰百周年，请我协助。我支持他们的想法。本来，请王卡研究员再度出手相助，顺理成章。但当时我想起胡孚琛研究员的电话。我觉得将新修订版《道藏源流考》首发式，放到陈国符百周年研讨会上举行，二者会相得益彰。于是，我改变了主意，建议熊建卫住持与胡孚琛研究员联系。他们接受了我的建议。

我回到了北京。过了一段时间，熊建卫住持与胡孚琛研究员分别打来电话，都向我抱怨说，他们二人的洽谈不成功。此时，即使王卡研究员出面，会议的筹备已经来不及了。就这样，常熟真武观第二次召开纪念陈国符研讨会的计划，无奈流产。这一结果，始料不及。本想在北京召开一个小型座谈会，弥补一下。我立即与人联系，不承想，天不助我。

　　静下来，回想起"纪念王明先生百年诞辰学术研讨会"的情景。那次会议是 2011 年 6 月 12 日，在四川大学红瓦宾馆召开的。那次会议，王明先生的研究生入室弟子王卡研究员与陈静研究员，以及王明先生的研究生受课弟子鄙人、陈兵教授与吴受琚研究员，都参加了，都发言了。校友们共同回忆往事，相互畅谈心得，会议开得很温馨。踊跃发言者，还有社科院宗教所的许多学者，还有四川大学道教与宗教文化研究所的许多师生，新老朋友给我留下美好的记忆。我想，如果 2014 年 6 月 30 日茶叙时，我仍然建议熊建卫住持与王卡研究员联系的话，常熟真武观"陈国符百年诞辰研讨会"定会成功举办，定会和四川大学"王明百年诞辰学术研讨会"一起载入史册，那该多好啊！但是，历史是没有如果的，我深感遗憾。6 月 30 日茶叙时的一念之差，事与愿违，我只能向大家检讨了。

2017 年 9 月 1 日星期五于北京初稿

2017 年 9 月 23 日星期六于北京修订

（本文原载《江苏道教》2017 年第 3 期，第 8～12 页）

忆王卡

李 申[*]

汪桂平、李志鸿同志：

八号会上突感不适，没有发言，见谅。

我身边比我小十多岁的人先我而去，这是第三次了。先是张跃，十来年后是陈咏明，又十来年，就是王卡。

说实话，我都有点怨他们。张跃的死，与他自己不注意身体有关，肝不好，还喝酒。陈咏明更不必说，无论如何，都不该自杀。前几年我见王卡身体很瘦，才知道他糖尿病很重。听到他这个消息，我第一个反应就是，你身体不好，到西藏干什么！那天去才知道，他父亲是十八军的，留在林芝工作。王卡这件事，也是他父亲作为一个军人付出的延续。令人感慨！十八军是在全国胜利大家享受胜利果实时进藏的！

我认识王卡，是在研究生院。每次吃饭时，食堂中最能高谈阔论的，就是他。当时觉得他很不好接近。有一次我在种花，王卡驻足观看，我们聊了几句——与高谈者判若两人。

毕业后，王卡找到我家，说他爱人户口要迁北京，可否落在我家。这样，我的户口簿上就多了一个表妹和一个表侄子。这件不足道的事，几十年后，王卡还总是提起。

我和王卡学术上的交往，最初是太极图、河图的渊源。我对太极图的考证，得益于王卡对《上方大洞真元妙经品》的考证，此后我和他在这个问题上认识较为一致。韩秉方曾讽刺我俩穿一条裤子。那时候，像我们这种意见很少。学术问题上，王卡是个不大随波逐流的人。此后就

---

[*] 李申，上海师范大学教授。

是编纂《中华大典》时的合作，这个你们都知道的。

和王卡聊天是一种享受，他总有一些极其精辟的见解。由于种种原因，多年前就很难有机会再听他高谈，今后是永远不可能了。

大约一个月前，我给王卡去了一封信，问他的通信地址。《宗教典·佛教分典》出版了。他是该典的编委，有他的一套书，不知道该寄到哪里。没有收到他的回信，不久收到的，是他的这个消息。那天在会上我也不好问他夫人，所以想问一下你们。或告知我他的通信地址，或告知我，他这一套书该寄到哪里。因为他家里未必常常有人。或者你们替我问问他家里，我没有他家的电话和地址。

最后我只想对你们这些比我年轻的说一句，注意身体。那天见小汪脸色略有苍白，好像以前就听您说过身体某处不适。多保重吧，生命不单属于自己。像王卡这样，凭空给大家添许多难过。

记得王卡有学生在贵研究室，请代致安慰！

追思与反思　问学与问道

——谨以此文纪念王卡同仁

孙　波*

　　王卡溘逝，令人意外且使人不能平静。良久低回，他的音容笑貌，他的大嗓门儿和爽朗的笑声，在我眼前和耳畔浮动着、蕴藉着，弥散不去。这噩耗让人心痛，这震动使人脑筋一片空白，而只余叹息，叹息又只二字——可惜！西哲康德在他的《实用人类学》一文中曾说过：人到20岁时才能学得生活的"技巧"，到40岁时才能具备处世的"精明"，到60岁时才能获得人生的"智慧"。这智慧就是要脱去以往的幼稚，开始理性的自由的生活了。惜乎古人生命之长度多未及古稀者，所以古罗马哲学家西塞罗无奈地说："一个人现在初次学会了如何正确地对待生活，却不得不逝去，这是多么可惜呵！"说到王卡的可惜，至少有三个方面：一是这是道教室、宗教所乃至整个道教学术与文化界的严重损失；二是他在退休以后，至少还有15年乃至20年的好光景，这应是人文学者的"黄金时代"；三是他一定有不少好的想法和新的目标，也未及实现了。

　　王卡作为一名学者有其纯粹性的意味。我想，如果让他去干别的行当，他可能会无甚兴趣，甚至要他搞点儿什么关乎乐子事儿，他也不会喜欢。他爱读书，爱争论，并对学术前沿的见闻始终保持很大的热情。我在他的追思会上谈到我和他的关系，说是"亲和"而不"腻糊"，意思是我们彼此虽然印象良好却不是"铁哥们儿"那种，这其中之原因就是他年纪比我小且又不长于饮酒，因此往一起凑的愿望就不是那么强烈。

---

　　*　孙波，中国社会科学院世界宗教研究所原所长助理。

现在，若果盖棺论定，我愿意称他为"书虫"，这是在他搞敦煌文献时给我留下的深刻印象。于今，王卡已猝然离去，我的心里反倒涌起一些话头要与他讨论，可惜——也只能是自说自话了。

一

王卡的博士论文答辩，我曾作为服务人员参与旁听。答辩委员会的成员有任继愈先生、王卡的导师哲学所的王明先生、北大哲学系的汤一介先生，此外还有两三位老先生，地点就在现科研处的办公室。整个答辩的过程进行得大致比较顺利，但有一个问题稍起波折，这就是王卡在论文中似乎较强调了"为统治阶级服务"这一观点，当时有一位老先生提出了不同的意见，认为此提法颇有牵强，我记得王卡一时略有语塞，还是任继愈先生接过了话头，支持了王卡的论文。过了若干年，笔者有时回想起那场面，心想很难说那时候是谁支持了谁，因为王卡在精神气质上不是一个"斗争哲学"的灵魂，因此也可以把"为统治阶级服务"这一结论当作是一个"句套子"，是那个时代的"八股"。"八股"废去了，表示时代进步了。于此又有一个小问题，王卡把他这部论文献给了在20世纪90年代出版的《中国道教史》，倘使此书再版呢，文中的那些带有强烈时代印记的观点要不要调整呢？如果不变，表明时代无甚进步；设使改动，而人又不在了。

其实，为谁"服务"的问题，是20多年以前学术界绕不过去的一道坎儿，并由这道坎儿划分敌、我、友，判定"正动"与"反动"，故学者们写文章时首先要鼓荡起这么一种革命的"斗争气"。即便当时从印度已回来十余年的徐梵澄先生也不得不如此，仿佛他也落入了什么"机轮"，那文字迟疑地好像是从别人的口中说出似的。如谈到商羯罗，他说："在他的主观意识里，也许他没有对任何阶级服任何务的概念；但就客观情形而论，他是为统治阶级服务的。然这里略在政治上有其差别，政治上的统治，操于刹帝利之手，是一班土邦之王，专从事作战及邦交等事。而婆罗门阶级，自许为古人所谓'帝王之师'。换言之，在物质生活的统治下——而这权力在于再下二阶级，商人和农人——另是自古便建立了一神权统治，其权力操于婆罗门阶级。婆罗门是听命于神，则是印度自来衰弱的原因。正如我国春秋时有说：'国之将亡，听于神。'商羯罗当然是无时无地不为本阶级服务。但他将传统的阶级观念打破了，要将他的学说推及下层群众。……婆罗门妄自尊大，也是世界上少有的典型。"（《世界宗教资料》1993年第2期）"也许""但就"，其中有几许商量的口吻；"当然"，这似是形式地说；而"打破了""推及"，这才是问题的实质。商羯罗要来一个大调和和大统一，使得不同种姓人都得到一点信仰上的安宁，这就要回到从《黎俱韦陀》到《薄伽梵歌》时代的经典，即谓四种姓皆出自"大梵"之神体（purusa亦称"原人"或"巨人"）。

检索徐先生的其他文字，"也许""但就""当然"之类话头，未尝见之。窃疑此为冯至先生的语气，他要把关，以免老友犯错儿。然在徐先生本人，却只谈"人性""人道"，不谈"阶级性""阶级道"，因为在他来看只有人性和人道才是本源性的东西，而其他只是"后起附加"。"人性"和"人道"，在印度韦檀多那一套学问中也即"神性"或"精神性"，盖缘个体"自我"与大梵"自我"同一，虽形不同而性不异。"形不同"，是说出自不同之体位，头、臂、肢、足；"性不异"，是说皆为神圣"有体"之一分，缺一分即不全即非神圣。所以徐先生取玄奘之译，不说四种姓而说四族姓。而"族姓"之人，意味着以其天赋的气质和能力成就适合于自身的行业，这"行业"之果实又不是为了自己，而是为了奉献给"神圣者"，并由"奉献"而得解脱，解脱了的灵魂复归于大"梵"，而其本身亦是大"梵"。这么，在这一灵性运动中，族姓的身份被化约掉了，只保存了精神的"平等性"。徐先生说："平等性而出于精神性，其义独卓。"（《薄伽梵歌论》，商务印书馆，2003，第321页）或许我们会不以为然，认为这个民族好像是吃了"鸦片烟"，至今尚未缓过劲儿来。然而我们应跳出物质的和制度的层面，注及她的超上维度，也许我们会从中得到深刻的启发。印度哲人拉达克里希南说："心灵的经验是印度丰富的文化史的基础。它是一种神秘主义，但不是在含有运用任何神秘力量上的神秘主义，仅仅是主张人类本性的陶冶，导致心灵的成就。"（转自德·恰托巴底亚耶《印度哲学》，黄宝生译，商务印书馆，1980，第199页）"本性的陶冶""心灵的成就"，对人的精神面貌来说，就是教养；于社会的风气而言，就是良序美俗。这里，阶级性与制度性仍被看作"后起附加"，只强调了人性、人道在。阿罗频多也说："在人生中成就上帝，是人的人道。"（《神圣人生论》上册，第39页）"上帝"即"精神性""超上性"。（《神圣人生论》上册，第40页）于是乎人格神也被化约掉了。

其实，任何一个大的宗教皆有或皆应有这一"超上维度"，即努力突破自己，寻找对话者、会通者，道教概莫能外。我们知道，各宗教都起信于民间，"然后在大众中平面式地广泛传播，点亮个体灵魂，就如马拉松火炬依次传递……"（《孔学古微》，华东师范大学出版社，2015，第45页）但民间与上层并没有什么不可逾越的鸿沟，可以说它们就是一体化的社会，而非一正极与一负极的决然对立。在历史中宗教步入了上层社会，这是再普通不过的事儿了，一方面可以说，它们受到了统治者的"青睐"和扶助；另一方面也可说，它们"打破了"阶级观念的隔阂，把自己的"心灵经验"（宗教的功能皆由实用心理学表现）"推及"上层。之所以能够如此，是因为无论作为统治者还是被统治者的个人，内中经验必有相同处或相通处，这是人性、人道之使然。当年丘处机率十八弟子往西域雪山觐见元太祖，劝其"止杀"，其直接目的是为了中原生民的福祉，如果非说是为了元人统治的便利，也未尝不可，只是"间接"，并且又是一个"后起附加"。笔者（作为非信教人士）以为，宗教的目端在安顿人的心灵，而安顿了的心灵必表现出友善与和平的教养，这才是问题的关键。盖"教养"能营造出精神性或高等知觉性的氛围，这是所有圣人皆所期待的"民胞物与"的社会环境。这么，连有形的宗教也被化约掉了，反过来说，有形的宗教也超出自己，进入了"精神道"。这里，我冒昧地对一教言作一小调整，即是"全民有教养，中国有希望"。于此再做一个引申，说宗教为"全民有教养"而"服务"，这话不应该有错儿。至少，作为一种精神力量，在我国，它是全民族向上之大过程的一个侧面。

二

王卡爱争论，争论时不免激言，激言不免片面，但片面有时也不碍挑起人的思索，至少作为问题应予回答。若干年前，有一次我们讨论到康德，我说起日本学者安倍能成把康德哲学比喻为"蓄水池"，古典学术从此入，现代学术从此出，这是很形象的一个画面。他老弟当时大声对我说："谁不是蓄水池？老子也是蓄水池！"我亦一时语塞，以为他的话不无道理，也许大哲们都是蓄水池吧，不过效用大小不同罢了。然而，"效用"，这是一经验性的说法，"大小不同"，这是一量化性的比较，皆非概念性的语言。其实，是不是"蓄水池"，这要看它是否能成为"万世法"，这"万世法"也可以表之为一历史观念，即人生与社会的总原则。此观念不是历史的产物，而是我们强加于历史之上的，它"是前提而不是结论，没有这个前提的引导，我们就无从理解历史。正犹如没有范畴，我们就无从理解物质世界"。（何兆武：《康德也懂历史吗？》，《读书》1992 年第 8 期）历史是人类的实践行为，是自然性与道德性、必然与自由结合为一体的过程，这么，历史的两重意义就被籀绎出来了，"第一，它是根据一个合理的而又可以为人所理解的计划而展开的（合规律性）；第二，它又是朝着一个为理性所裁可的目标前进的（合目的性）"。（何兆武：《康德也懂历史吗？》，《读书》1992 年第 8 期）此番意思，阿罗频多也有同调，"第一，在其知觉性中已有其自体一完全'形式'，正在此缓缓地将其展开（合规律性）；第二，有一先见的'真理'，服从一前定的'意志'，实践者一原本的形成性的'自见'（合目的性）"。（《神圣人生论》上册，第 123 页）康德之"理性"，阿罗频多之"先见的'真理'""形成性的'自见'"，皆是一"全德"概念，即儒家之"仁体"。而老子之"道"与"德"，不是在人生之"根柢"这一维度上讲的，虽然，这是一宗绝大的智慧，不可或缺，但只适合作一调整性原则。

究竟，老子哲学宇宙论的意味多，道德论的意味少，故不足以建构人生本体论。能之者，儒家，康德，阿罗频多。儒家千言万语不离其宗，由博返约，曰"去私欲，存天理"；康德谓实践理性高于知识理性，只有道德可立宗教；阿罗频多则把自己的大著径直名为《神圣人生论》。是人生，就应是积极的人生，也就是说你得做点儿什么才行，因为"大自然"（Providence）赋予了你这种能力（认识、德行和审美），通过做点儿什么，发展自己的自然禀赋从而实现自然的目的，康德指出这也是自然在实现自己的目的，于此可以得出"人是目的"也是"自然的手段"结论。

阿罗频多则把"自然的手段"称为"神圣工具"。依世俗义，"目的"为体，"手段"或"工具"为用；依超上义，二者体用一如，即体即用，即用即体。徐先生说，印度民族滞后久矣，"自佛陀时代以来流行的空论和幻论，逐渐地侵蚀和削弱了这民族的创造力与生命力，而且使衰老的心态潜入了其民族的心理机体。……可以说腐败深入到社会的心脏，颓废潜入生活的各行各业。即使有些充满希望的事业后面也都跟着破坏性的失败主义情绪。"（《肇论》序）现今这状况难说有多大改变，这皆与其消极的人生观有着莫大的关系。阿罗频多曾遗憾希腊人多顾及了智性的外求，遗忘了自己"神秘道"的母体（《玄理参同》），迟早会迷失方向；同时也批评了印度人多纠结于心灵的内求，抛却了人生和社会的事业（《社会进化论》），至今仍生气不振。阿氏则扬举"行业瑜伽"精神，"以《薄伽梵歌》为经，以诸《奥义书》为纬"。（徐梵澄语）什么意思呢？即倒转旧韦檀多学之"体用"关系，以"用"即实践为"体"为"经"，积极进取，在世间成就真元自体（梵）。此等入世态度，正与我国之"天行健君子以自强不息"的大《易》精神同符。

阿罗频多的精神道乃入世道，他批评所有的出世道忘却了"人生的价值问题"。出世道者坚持的当然是个体性原则，但这原则却不能给自己以原则性的效力，用阿氏的说法，他们承认超上"玄默"支持此世界，然自己却无为于其中。如僧佉，虽秉持"有"的理想，但因为离弃了世界，所以不得任何"规定性"，而"没有规定性的'纯有'就等于无"（黑格尔语）。"是这种'精神'对'物质'的反叛"，致使"一古老民族中生命力的消亡"。（《神圣人生论》上册，第26页）其实，这超上"玄默"即大梵超上之三原则"真""智""乐"，其本就可看作是一有为的"图形"，"真"表体，"智"表用（能力、知觉性），"乐"表目的（游戏）。出世道者泯"智"而保留"真"与"乐"，所得只能是一负极的"涅槃"，了无价值与意义。阿罗频多"以用为体"，这是变宇宙本体论为人生本体论，而只有人生本体的张开，才能够保住宇宙本体不为"空"不为"幻"。其实，二本体又可看作一事，一事以一字表之，在孔子曰"仁"，即一宇宙大生命的种子。这超上大"仁"是一至上原则，韦檀多之超上三原则皆摄，我们平时所说的"仁、义、礼、智、信、勇"，则是它的次一等原则。大"仁"也包含"乐"吗?"乐"即"阿难陀",然此非生理界与"苦"相对待之"乐",而是精神上的大"悦乐"。徐先生说,此等境界"只可求之于孔子之'仁'中,可谓二千五百余年前,孔子已勘破之秘密。但未此以为教……要上到体会宇宙万事万物皆寓乎一大'仁',则'阿难陀'出现。"(《玄理参同》,阿罗频多学院,1973,第 314、315 页)这么说,孔子当然也是一个大"蓄水池"了,不过徐先生的比喻更加优美,他说:"孔子正好处在中国文化史上的一个连接点上,在他之前是大演绎,在他之后是大归纳。譬如一匹漂亮的丝绸束结于中间,所有的丝络都汇聚于此,又以此为起点,完好地发舒出去。"(《孔学故微》,华东师范大学出版社,2015,第 46 页)牟宗三先生也有同义,其云:"孔子独辟精神领域以立本源正是开再度和谐之关键。故道之本统只能断自孔子,前乎孔子是预备,后乎孔子是其阐发与曲折之实现。"(《心体与性体》上册,上海古籍出版社,第 90 页)一言以蔽之:"论博大为万世法,终无过于孔子。"(《徐梵澄文集》第 8 卷,第 302 页)

三

在王卡的追思会上,他的夫人小尹谈到王卡近期对量子力学颇为着迷。这让我想起不多日前在《南方周末》(2017 年 7 月 6 日)看到过的一篇稿子(《"真气"漩涡中的朱清时》),此外还有在《环球时报》上的"商榷"文。我不知道王卡君有什么样的看法,是否同其一唱?因为量子力学的这种整体性特征,早已在东方宗教中找到了知音和支持者。笔者不妨撷取中国科技大学前校长的发言片段来稍加讨论:

真气应该是与意识同范畴的东西。

古人却用真气并发现了经络。

约翰·贝尔的话:"假设量子力学被发现不遵从精确的形式体系,假设这种形式体系超越了实用目的,我们发现有一种挥之不去的力量坚定地指向主题之外,引向观察者的心灵,引向佛经圣典,引向上帝,甚至唯一的引力,这难道不是非常有趣的么?"

佛学的业报观念,就是用来证明要遵守道德,要有敬畏心。中国几千年佛学说的这个业报，事实上是很多人的底线。现代人认为这是迷信，这个道德底线就没有了。

所谓"真气"，似可以量子的"团粒性"来形容，虽不能描述然却是指向实在性，而终与意识的非实在性有别，前者占据空间，后者占据时间，这是传统哲学史之二元论的解释。如果我们以玄学或精神哲学的眼光观之，则时间与空间同源，源自何者？源自一真实之"力"（一基本力、纯粹本质），在韦檀多哲学中也叫作"知觉性"。阿罗频多指出：我们认识（心思）这世界，实则是"知觉有体"（大"梵"）在伸展上看它的自体，主观地看则作"时间"，客观地看则为"空间"，"'时间'（知觉性）是一流动底伸展"（因果性），"'空间'（知觉性）是一固定底伸展"（交互性），此构成知觉性纯粹运动的"图形"，即时为"经"而空为"纬"。（《神圣人生论》，第137、138页）经与纬当然会有交集，因为它们是坐标轴即"力"或"知觉性"的原则的十字打开，一纵一横，一体一用，表宇宙生命之大全。力、知觉性是"一"，通过时与空的运动，表现出"多"。反过来说，不论在物理空间中之大小和在自然时间中之久暂，皆应以力或知觉性的原则收摄，因为这原则有高于我们寻常"心思"（二元论）的一维，这便是"超心思"原则。"'超心思'以之拥抱而且统一'时间'之持续与'空间'之划分"（《神圣人生论》，第139页），即它在自体中包含一切点（时间）、一切处（空间），所以"'空间'亦可自呈现为一主观底不可分的伸展——不下于'时间'之为主观底"。（《神圣人生论》，第139页）这么，主与客、意识与物质的对立消泯，复归于一超上之"主"，我们把它叫作"心灵"、"性灵"或"自我"。而量子力学的证明，哪里有大哲来得那么干净利落，如《原子中的幽灵》一书说道："意识或精神在决定何种可利用的结局会实际实现中有一种选择权。"（湖南科学技术出版社，1996，第29页）这尚是一种"揣测"，实则这一确然是不证自明的，因为人有天赋的超感性的能力，亦即"自由"，用康德式的口吻说出就是：你能够，因此你应该！至于这"天赋的"乃天道之事，为"不可知者"，不可知者非未知者，是信仰（心灵）对象（证悟）而非知识（头脑）对象（证实）。不然，真如那圣多玛式的探索——他要亲手去触摸耶稣手上的伤痕，即要以人智去窥测神智。

"用真气发现了经络"，实则这是一"静则生明"的道理，乃属深邃的心理学，老子取譬说曰"玄鉴"。我们知道，阴阳生象，象与形不同，抽象，即是说它既不同于虚又不同于实（庞朴语），与康德之"图形"说也同，可为"知性直观"（牟宗三译为"智的直觉"或曰"神智"）所把握。陆子曾有"夜间燕坐，室中有光"的经验，但他不以为奇，徐先生说："这是视神经感觉上的变异。大致这类异相出现，表示修为功夫已深，亦恰是歧路或邪道之开端，只合任其过去，绝不可执着。"（《陆王学述》，第 59 页）所谓"知性直观"，非"智"乃"明"，在韦檀多那一套学问中，属于高等或超上知觉性；而中等知觉性属"智"，对应我们的"心思"体；低等知觉性则属"晦"，对应我们的"情命"体。徐先生解老子"道十"有精彩的论述：

> "天门启阖，能为雌乎？明白四达，能毋以知乎？"——四句一贯，乃心理境界之事。……"为雌"者，谓心思不取主动而守被动。"以知"者，用智也。"明白四达"，以明也。明与智，同为知觉性境界，然明大而智小。明胜于智。古之学道者，求博大之明，非局限之智。及其"明白四达"矣，有时恍然大悟，或灵感奔注。此境有如"天门"之开，万象辉煌，妙美毕露。时则当听其自然而绝不用心智于其间，居被动而任此明之四达广被。及至私心起，智用出，则灵感寂，明悟晦，而"天门"阖矣。（《老子臆解》，第 14 页）

"私心起，智用出"，反过来可说"智用出"便是"私心起"，不论其目的为何者，因为心理（灵）经验是内中之事，知觉性境界之事，非是向外的智性索求，其以静为本，果若思智扰攘不休，遂步入歧途，反而会戕害了我们的身体健康。

贝尔的这句话，"有一种挥之不去的力量坚定地指向主题之外，引向佛教经典，引向上帝，甚至唯一的引力"。这个"主题"应指物理科学或自然现象，阿罗频多把它称为"这世界之相形"，他说："在彼方，这世界之相形，如一幅小画在一不可量的背景上。"（《神圣人生论》上册，第

19页）欧阳竟无则说为"目前小境"。这意思是说，我们人类对大千世界的认识，只能是"大梵"或"上帝"的一小汇。量子"力量"能够超出这"小画""小境"之局限，说明了两方面的问题：一是"不但有诸物理底真实是超识感的"，二是"更有诸识是超物理的"。这是因为我们的"微妙根存于微妙体中，为微妙观照与经验的工具"。（《神圣人生论》上册，第20页）这"微妙观照"，在中国哲学中则曰"见'几'"。而量子力学的表述则比较肤浅："'外在'世界的存在不是独立的，而是无法摆脱地与我们对它的感知纠缠在一起。"（《原子中的幽灵》前言）说"引向佛教经典，引向上帝，甚至唯一的引力"，是言引向真理，佛教、上帝在这里只可作至上符号理解，我们要寻求的是这符号背后的"真实"，这"真实"就是至上原则——"力""知觉性""精神"。此"精神"不是与"物质"对举的精神，而是双摄寻常二元为一元的绝对者，为一"宇宙大生命的充满与润泽"者（牟宗三语），为一"不可知者""神圣者"。末段引文，"佛学的业报观念，就是用来证明要遵守道德，要有敬畏心"。此句用意不错，但于哲学好像有点儿外行，因为科学需要经验的证明，而道德则无须，道德是信念、信仰之事，遵守的是"信证"，这是一"律令"——你应该！况且，"业报"之事，如果通过经验的归纳而得，似乎也并不那么必然，也就是说，很难合于"普遍的适用性"的标准，故归于信念、信仰一维为好。因为信念、信仰是真正的"无限"（黑格尔认为是"质的无限"），而科学探索的无限却是未知然可知的无限（"量的无限"），虽然，宗教与科学在追求无限性这一点上是相通的，但路向不同，表之一纵（情心 heart）一横（思心 mind）。在各种宗教中，似乎是道教最有追求宇宙奥秘的兴趣，先是汲汲于外丹，在与佛教的辩论中每每守颓，后来又潜心于内丹，才算真正立稳鼎炉一足。徐先生说道教这一转捩是"由外转内的思想运动"（《玄理参同》，第70页）。

四

王卡君提出一个"大道教"的概念，似可。因为道教的出身是"杂而多端"，而民间宗教则可认为是这种出身的变形，它们与道教之性格的亲缘性更多一些。当初任继愈先生把民间宗教研究纳入道教室，就是考虑到它们相似性的缘故。我在这里想说的是，我们为什么不能提一个"大道家"的概念呢？这概念既考虑到了向下的即民间社会的整合，又照顾到了向上的即形而上学的会通。所谓"会通"，乃指寻求"心同理同"之境，此非玄理也即精神之理不办。中国古代三玄，《周易》《老子》《庄子》，道家占其二，因之大可自信地确立其统同之大宗。徐先生有《玄理参同》一册，正论诸家思想会通之事。

王卡指出：孔子说的"未知生，焉知死！"不是教人不要知死，只管生便够，而是暗许生、死是一体，如同昼、夜。这是"原始反终"的道理，大《易》甚明。后儒解释此"一体"为"本体"，本体即"太极"，统之以阴阳，阴阳统之以昼、夜、幽、明、刚、柔、生、死等。本体即是"一"，庄子所谓"通于一，万事毕"者，也即"道"。庄子善言生死，其假托孔子之言，说："仲尼曰：生死亦大矣，而不得与之变；虽天地覆坠，亦将不与之遗。审乎无假，而不与物迁。命物之化，而守其宗也。"（《德充符》）"不得与之变"者，"不与之遗"者，"不与物迁"者，曰"常"曰"不动"曰"永远"，即"一"之谓。其（Being）"命物之化"（Becoming），也即"参天地之化育"，而"守其宗"，亦曰"在其自己"（康德之"物自体"），自己即宗即本体。同时，庄子又暗通佛家，他说："朝彻而后能见独，见独而后能无今古，无古今而后能入于不死不生。"（《大宗师》）徐先生说："所谓'不死不生'，合于佛法之超出生死，是解脱道。"（《玄理参同》，第78页）虽然，佛法的"超出"有"舍弃"义，但也不碍作积极的理解，因为人类还未脱出自己的情命习性或曰"无明"的束缚，所以由出世精神而达成的人生圆成，对于我们而言，就永远是一光明的震动和警醒，而吾民族也从来都是把高僧高道看作是与孔孟和宋诸子一般无二的圣贤。正是在这一意义上，阿罗频多说："出世道更有大功于人生。"（《神圣人生论》上册，第26页）

还有一个问题，即佛道二家的最高概念，"无"与"空"。依庞朴先生的说法，"道"是纯无，"一"是纯有，纯有非具体或规定性的"有"，而是抽象的"有"。（《中国文化十一讲》，第39页）这样，"无"便是"有"的负极表述，但不碍道家仍是"有宗"。佛家当然也分空宗（般若学）、有宗（唯识学），然般若学乃属其共法，与道家之"无"相当，只是推及更远，连"无"的概念也"空"掉了。佛家不否认现相，不过认为现相背后的最高依据为"空"，而现相只是如"火焰"不断地缘起倏灭罢了。古希腊哲学家赫拉克利特就把宇宙万有比喻为"火"，火焰在总体上保持不失，但每一时分都在不停地生灭，也即是说此火焰非彼火焰。正如他另一名言："在踏入同一条河流的时候，一个人所遇到的水流是不相同的。"换句话说："一个人不能两次踏入同一条河流。"我们看，他们说的都是同一个意思，故得出结论说：世界没有本体，没有真元，在其后只有一永恒的"虚无"，或一绝对的"空"，或一原始的"非有体"。阿罗频多批评道："……倘若火焰之形只由恒常底变易而存在，毋宁说这是芯柱之本质，变换为火舌之本质，可是必有其间为共通的存在原则，这么变换其自体，而'火'的原则常是同一，常是产生同样底能力之结果，常是保持同样底度量。"（《玄理参同》，第 154、155 页）承认现相，承认宇宙之"多"，便是不否定有一"是为意志"（Becoming），即"用"的原则，亦如尼采然。然而，世界上没有无"体"之"用"，也没有无"用"之"体"，也就是说二者是"自反关系"（refiexive relation），亦即常语曰之"即用即体、即体即用"的关系，所以《奥义书》中说"意志能力即是大梵"，佛教将这"意志能力"看作是"法"（达摩，Dharma）即宇宙原则。总之，必得寻求一变化的"本因"为其保持者，此正如我们欲要行走而脚下的土地必得岿然不动一样。阿罗频多总结道："佛陀自己对这问题保持了缄默；他的'涅槃'的目标，是现相底存在之否定，但不必是任何种存在之否定。"（《玄理参同》，第 173 页）于是乎，佛陀之"空"的究竟义，便回到了老氏的"无"，而与"有"不能脱离若何干系了，"这，除了是永恒底'本体'外还是什么？"（《玄理参同》，第 145 页）。

　　"无"与"空"作为最高概念，它是多种词性的生成者，除了名词之外，它还有形容词与动词义。说形容词，无为"虚"，空为"如"；说动词，无为"舍弃"，空为"去执"。这动词义极为重要，它确立人生本体论，即为宇宙本体论赋予了价值与意义，此乃"是为意志"或"用"的原则。"舍弃"，舍弃什么？"去执"，去执什么？不是这世界与人生，而是我们的私欲。所谓"私欲",是过乎"天理"所要求的情欲,尝如宋儒反复言说的"存天理,去人欲"之义。徐先生指出,"舍弃""去执"之真义,最能与印度圣经《薄伽梵歌》之精神符契,他说《薄伽梵歌》之教义,"合于儒""应乎释""通乎道"(译者序)。"合于",有源头不同义;"应乎",有两立对举义;"通乎",似亲缘最多。说到佛教,与韦檀多学"本为一物,不曰合同;前引后承,姑谓之应"(《玄理参同》,第145页)。概念名相,精神气质,皆从其来也,不论。说到儒家,乃内圣外王之学,即外在建立功业,内在成圣成贤,这正是对《薄伽梵歌》故事中的主人公英雄阿琼那的人生要求。阿琼那战阵忧伤,几欲退却,其师克释拿鼓励其弃除杂念,勇往克敌。克敌乃复国,复国乃正义之战,而正义之战亦无私之战,因为胜利属于"大梵""天道"。如何"无私"?孔子谓绝四,一曰毋我,毋我而毋意、毋必、毋固随之,三者绝而毋我亦随之,此义克释拿与阿琼那反复陈说。实则整个故事无布阵、攻防、进退、胜败之场面的描写,而是以师生二人的对话贯穿之,因此在心理经验上则与道家更为亲近。观其最相合者,曰为无为,事无事。说"为无为",绝不是无所作并混迹人生,如程颐所指的"自了汉"者,而是"不动于欲念,不滞于物境,不着以私利,不贪于得果,不眷于行事,不扰于灵府,以是而有为于世,即所谓为无为也,终至于有为无为,两皆无执焉"(《玄理参同》,第145页)。而其求道之方:去甚,去泰,去奢;致虚守静;为学日益,为道日损,损之又损,以至于无为;慈,俭,不敢为天下先……凡此,在《薄伽梵歌》中数数见之。此种秉性在韦檀多学则被称为"萨埵性",为婆罗门族姓所擅,徐先生对此性特加青睐,以为其中大有尊严性与高贵性彰灼焉!他以之评价颜回,说:"从外部来看,他具备完好的儒家德行;然而他内中,却是简朴至极的道家。"(《孔学故微》,第151页)这境界广大无边且风云际会,我们可把它称为"精神道"。

结 语

颜回被称为"复圣",此表一神圣人格的圆成,而这圆成也是构成性的。这里想说明的是:构成性原则的实现,是需要规范性与调整性之二原则交互运行的，如鸟之两翼、车之两轮。此可说，要在乎又要超乎儒、道二家，因为超上之心理（灵）经验在各家并没有什么不同。有学者发问："有没有人类宗教？伊斯兰教、基督教、犹太教有没有融合的可能？"（《社会科学报》2017 年 6 月 29 日陈家琪文《哲学与哲学意义上的事实》）这疑问大概用徐先生的回答较易明了：他老人家也在问，我们上古时代的圣人如尧、舜，他们究竟读些什么书呢？这一谜团仿佛只有在颜子身上可以解开，他或他们"似乎只要保持'与天地精神相往来'（庄子），知识（心灵经验）便可以自为显现（明）。（在这境界中）所有宗教的外部分别全都消失了"（《孔学古微》，第 151 页）。能见"外部分别的消失"者，在古印度被称为"见士"；而"自为显现"之"明"，亦是"同体为一"之境。如此说来，具有外部形式的宗教，是"后起附加"。因此，超出宗教就是没有什么不可能的了。只是"人类宗教"当换作"人类精神"更好，因为前者有集成义，而后者却是生成义。这后者是"心灵""种子（仁）""自我""道""太极""大梵""上帝"，是"一"，是"由人而圣而希天"之道。正如《薄伽梵歌·译者序》开篇警策，有云："世间，一人也；古今，一理也，至道又奚其二？江汉朝宗与海，人类进化必有所诣，九流百家必有所归，奚其归？曰：归之道！如何诣？曰：内觉！""道"即"精神道"，"内觉"即"由外转内的精神运动"。44 年前，只身前往南印度一海隅的徐先生就畅想着吾民族之文化事业的未来愿景，他说："目前为俱收并蓄时代，将来似可望'精神道'大发扬，二者（宗教与哲学）双超。"（《玄理参同》，第 257 页）这事业任重而道远，似非有"大道家"不办！而"大道家"又可以诠释为"大道之全体"或"大家之道"，这不是文字游戏，而是"精神道"之应然义。

拉杂多言，仍未达意。然脉络可鉴，王卡君必能明之。结末，轻叩在天之灵：点头耶？摇首耶？我知道王卡君对徐先生是极其服膺的，并于其不平凡的人生经历曾感慨不已。只是，这一话题我们未尝展开——可惜！

2017 年 8 月 24 日

（本文原载于《中国本土宗教研究》第一辑）

纪念王卡师兄

陈　静*

　　我其实不愿发言，我担心自己忍不住会哭出来。但是我必须说点什么，也应该说点什么，因为在座的诸位中只有我和王卡是同门。现在大家称同门师兄为亲师兄，按照这个说法，王卡就是我的亲师兄了。他的突然离世，让我非常吃惊，非常意外，也非常难过。其实王卡比我小两岁，但是他说先入师门为大。王卡是社科院研究生院的第一批研究生，（19）78 年就跟随王明先生学习。我是 83 级的，比他晚了几年。我们序齿之后，他说这个不算，先入师门为大，"我才是师兄"。他说这个话时，口气不容置疑，脸上还有点得意，他的这个率真的表情给我留下了深刻印象，现在还能够想起来。我和王卡都是成都人，除了是同门还是同乡，感情上是比较亲近的。他说他是师兄，那就师兄吧，这些年，我也就卡兄卡兄地叫，尊他为师兄。当然从学问上，我也真心佩服他，承认他确实是师兄。

　　我大概是在 1985 年见到王卡的，那时他读博士，我读硕士。我记不得我们第一次是怎么见面了，最初只知道他也是王明先生的学生，慢慢接触起来。饭堂碰到就一起吃饭，有时候也去他的宿舍聊天。那时候研究生院的条件还可以，博士生一人住，硕士两人一个房间，在他那里聊天不会妨碍别人。刚才放录像，王卡自述自己的学术功夫是在历史和文献上，但是以我当年的印象，他在思想上也是非常敏锐的，有很多很有意思的看法，比发表出来的许多文章要深刻得多，也精妙得多。我记得有一次与他聊得很高兴，我说，你的想法这么好，为什么不写出来呢。他说自己不爱写这样的文章，说这不过是一些看法，看法是不很稳固的

---

　　*　陈静，中国社会科学院哲学研究所研究员。

东西，随时可能因为自己认识的改变或者现实需要的改变而改变，但是，文献和历史就不同了，文献的固有形态，历史的本然史实，都涉及事实性的考订，而事实是不可改变的。"我的话说出来就要定定的"，他这样说。我想，王卡后来在这个方面取得的成绩更大，而很少写思辨性的文章，可能与他这个方面的认知是有关系的。不过我觉得，其实王卡的理解力在支持着他的文献考订。这也是他为什么能够在很多问题上立论稳妥，论述精到，能够准确抓住问题，并且把它嵌在思想的历史脉络中进行处理。王卡并没有停止思考，他只是不爱写抽象的空论，不爱写意见式的文章而已。

我们导师王明先生招的学生太少，所以我们的同门不多，即使是这样，我和王卡的关系也只能用亲而不密来概括，我们的个人关系非常好，但实际的联系并不太多。北京太大，大家都忙，为走动而走动，不是王卡的风格，也不是我的习惯。我们的学术兴趣又稍微有些不同，他谈的问题我不能都懂，很多时候接不住话，可能也是原因。当然我是非常感谢王卡师兄的，他也是带着我做过一些学问的。做《中华道藏》的时候，他把我拉进去。我说我对《道藏》没有研究，兴趣也不大。但他说《道藏》中还有诸子，可以做的东西还是很多的。我说自己没有做过文献整理，不知道该怎么做。他说做一次就知道了，不做永远不知道。于是我参与了《中华道藏》的编纂工作，负责其中的诸子文集。碰到问题就问他，从他那里学到很多典籍整理的方法。我们也一起出去开会，一起参加学术活动。但是，我们通常是有事说事，无事各自逍遥，相忘于江湖。见了面就敞开了聊，不碰面就不闻不问。

王卡做敦煌道经的时候，让我帮着找资料。日本人编了一本《敦煌道经图录编》，王卡说北京只有两个地方有收藏，一个就是哲学所，"你去把哲学所的《敦煌道经图录编》帮我借出来，我要去复印"。我就去借。图书馆的人有点不愿意，说"不记得你研究道教啊，借这个干什么"。我说："我们王先生是研究道教的泰斗，我怎么不能研究啊。"然后把这本书借出来，复印。我觉得王卡在找资料上真的特别会找。他会把所有的材料搜集起来，穷尽资料后得到一个判断。完成《敦煌道经文献研究》之后，他送给我一本，告诉我说"这本书出版后，我就敢说我超过日本人了"。王卡在学术上是非常自信的，他也非常率直。他曾经坦率地对我说："王先生的学问都在我这儿呢！"虽然我有点尴尬，但是想一想，也得承认确实是这样。

我觉得王卡在做学问上除了有学术追求外，还有一种对民族文化的自尊和自信的追求在内里。他在学问上非常自信，但绝对不会自说自话，他做这些学问是盯着国外的研究的，然后力图做到不输给他们，因为自己是中国人。他的这种意识是非常强的。在对本土宗教、对道经的研究中，他是带着这种情怀的。

与王卡师兄在《中国本土宗教研究》创刊发布会上

我是在黑水城考察的时候得知王卡过世的消息的。当时我们刚从黑水城遗址出来，在平阔荒漠的戈壁上，乘车往策克口岸方向走，行驶到怪树林一带时，接到了守诚的电话。我的第一感觉是不太相信，然后就扭头转向车窗，流下了眼泪。那一带戈壁，在我的记忆中更加荒凉。我原本以为可以赶回北京，见最后一面，谁知道告别的仪式是在拉萨举行，所以直到现在我仍然不太相信，从此之后，我就见不到王卡了。我们原本是亲而不密的，我并不是随时都和王卡在一起，这反倒让我觉得我其实还是可以再见到他的。哪一天呢？不知道，但总是可以见面的吧。卡兄，我没有向你做最后的道别，怎么可能会不再相见呢？

纪念王卡君

詹石窗[*]

王卡教授走了，这是丁酉年中国道教研究界继卿老先生逝后最大的损失。昨天，接到汪桂平主任发来关于王卡君治丧情况，心中不禁勾起片片记忆。

我认识王卡君已经是三十四年前的事了。那时，我在四川大学攻读硕士学位，王卡君就职于中国社会科学院世界宗教研究所成都道教站，因研究领域相近，也就有许多见面机会。记得有一次，业师卿希泰教授召集部分研究道教的学者讨论《中国道教史》的写作大纲，王卡君参加了。座谈会上，王卡君引经据典，侃侃而谈，给我留下了深刻印象。

研究生毕业后，我到福建师范大学工作，彼此见面机会少了，但还是可以经常看到王卡君学术活动与研究成果消息的。如《老子道德经河上公章句》《道教史话》，两书都是他比较年轻时的著述，前者系古籍整理的专门学术著作，后者则从多层面对道教进行比较通俗的介绍。这两书既体现了王卡君传承考据学、校勘学的功力，也反映了他博览群书、厚积薄发的学术风格。

王卡君治学特别严谨。他花费多年完成的《敦煌道教文献研究》一书充分体现了这一点。该书作为国家社科基金项目，在立项前我作为学科评委有机会仔细审读他的申请表。从其论证里，我感受到了一个负责任学者那种一丝不苟的精神。他对文献的谙熟和思路的清晰，让我特别关注。鉴于其占有资料的翔实和论证的充分，我作为主审专家，不仅建议将该项目列为重点项目，而且建议向上浮动两万元资助。这个建议得

---

* 詹石窗，四川大学老子研究院院长。

到了全体评审委员的同意，最终全票通过。立项之后，王卡君广泛搜集资料，潜心研究有年，出版之后得到了学界广泛好评。

王卡君治学严谨也表现在他乐于批评与善于批评。他为人率直，有话直说，也比较敢说。在许多学术会议上，他不论当主持人或评论人，总会以饱满热情进入状态，在仔细阅读文稿和聆听的前提下，认真点评，甚至与人争得面红耳赤。由于我比他虚长两岁，他对我的发言一般都比较客气，但从其措辞来看，他并非碍于年齿而少说，而是希望把更多的学术心得奉献给青年学子们，因此他总是不厌其烦地对他们的论文和发言予以深入剖析。他不轻易说赞扬话，却常常以比较犀利的言辞直击问题所在。在当今人们爱听赞扬、不爱听批评的环境里，王卡却能够坚守学术批评的中立严则，这尤其难能可贵。

王卡君辞行人世，但他认真做学问的作风和精神却永远留在我们心里。

王卡君，安息吧！

2017 年 7 月 29 日写于深圳

忆王卡

肖　峰[*]

　　我和王卡是大学同学，也是同龄人，在他不幸去世后半年多刚刚得知消息，遗憾之至，同时浮想联翩，许多和他交往的往事涌上心头。

　　1975 年，我们作为"工农兵学员"进入四川大学哲学系。记得我们一共 70 人，分为两个班，六个小组，他在第二组，我属于第一组，虽不在一组，但同在一班，且一组和二组之间的关系特别密切，因为当时我们一组的组长张健将两个组的五六个兴趣相投的同学组成了一个"学习兴趣小组"，其中我们小组的有张健、白新萍和我，二组的有王卡和尹岚宁。这个兴趣小组或每周一次，或两周一次，频率不等，去到校园隔壁的望江公园搞学习活动，有时是读书沙龙性质的，有时则是海阔天空神聊性质的。正是通过这些较其他同学更多的接触，我也更多地感受到王卡的许多鲜明个性，比如他的书生意气，挥斥方遒，慷慨激昂；又比如他的兴趣广泛，知识面广，上通天文，下懂地理，一碰到知识性的话题他就会侃侃而谈，这对于当时还经历着"文革"、一直被灌输着"读书无用论"的一代人来说，是难能可贵的。顺便说一句，这个兴趣小组不仅使小组成员们收获了知识，还收获了爱情，王卡和尹岚宁，以及张健和白新萍两对后来成了夫妻。现在回想起来，其中的因果关系至今我还不明白：是因为这个小组促成了他们的爱情，还是张健一开始就是怀有特殊的目的组建的这个兴趣小组？

　　大学毕业那年，正好是"文革"后恢复研究生招生的第一年。王卡报考了中国社会科学院哲学所的"中国哲学史"专业，他天资聪颖，一

---

　　*　肖峰，中国青年政治学院教授。

考即中；我则于同年被分配到中央团校（后来的中国青年政治学院，现在又还原为中央团校）工作，于是我们几乎都是 1978 年 9 月初来到北京。当时我们是全班仅有的到北京工作或学习的两个人，初来举目无亲，有点现在称为"北漂"的感觉，于是两个"单身汉"就来往频繁。我不时去他们当时还设在十一学校的研究生院住处，我这里有时有团中央发来的文艺演出票时，就多搞一张让他也来观看，一来二往几年就过去了。后来他结婚了，毕业了，还一度回了成都，接下来就是又"杀回来"读博士，然后在社科院工作。随着各自成家立业，我们个人之间的交往就慢慢少了，但尹岚宁调到北京工作后，我们家庭之间的交往便多了。他们在地质学院（现在叫中国地质大学）和三元桥的住家我们都去过，还记得他们的儿子王淼（当时八九岁）带着我们家女儿（当时四五岁）在地质学院大院里满院骑车奔跑然后满头大汗的情形，而我们几个大人则在他们所住的由一间大教室改成的宿舍里聊天。当然，说是聊天，其实主要是王卡天南海北的"一言堂"，他太喜欢说话了，我想这也是他终日冥思苦想自己的学问之余的一种调剂吧。而我们也乐于当"听众"，因为无论谈今论古，他常常都有不同凡响的看法；只是觉得他这么好的口才也应该到大学去多教点书，或许可以让他释放更多的搞研究的寂寞。

由于后来的"专业分工"，我对王卡所研究的具体成果了解不多，但知道他在道教研究上成就辉煌，尤其是完成了"道藏"这一标志性的国家学术工程，还成了社科院少有的长城学者。只可惜英年早逝，否则他还将对中国的道教研究做更大的贡献。

回到开头，作为大学的同班，其他同学后来散落于各界从业。王卡一直坚守着学术研究，一做就是近 40 年，成为道教研究的领军人物。可以说，他是我们这个班在学术研究上成就最高的学者，所以也是我们班引以为傲的最优秀的同学。

我想我们所有的大学同学，都将永远记得"王卡"这个响亮的名字，都不会抹去对你谈笑风生的记忆。愿在天堂你也一样豪放，只是多注意休息，因为在人间的钻研、无休的课题已经使你太累……

2018 年 1 月 29 日

率性狂傲真君子

——大学同学眼中的王卡

徐开来*

大概是半年前，我才知道了王卡同学不幸去世的消息。由于非常突然，自然不愿相信。一旦确定无误，十分震惊和悲痛！感谢中国社会科学院世界宗教研究所的同志和尹岚宁同学，他们要出版纪念王卡的文集，给了我一个机会，能够以大学同学的身份回忆这位故人老友的一些往事，与读者朋友们分享他青春年少时的点点滴滴。

我和王卡同为四川大学哲学系 75 级工农兵学员，开始不在一个组，不到半年，当我从第 5 组被调到第 2 组时，就成为同小组的同学了。我们从 1975 年 10 月相识以来（那时候，我不满二十，他不满十九，真正的青春好年华），到 2015 年他到川大开会时的相聚，整整 40 年，青年成老翁，青丝变白发，其间自然发生了太多太多一辈子难以忘却但又很难精彩记述的事情（尤其是 20 世纪 80 年代我在中国人民大学求学，他在中国社会科学院读博和工作期间）。为多少体现一点本文存在的独特价值，我只集中说说大学时期交往与印象之中的王卡。

老实讲，我和他之间虽然存在一些共同点或相似点，譬如年龄都小（他比我还小一岁，是全班最小的），学习都努力，也同属不问大小政治只管自己看书学习的那类，还有就是成绩都好，但比较而言，不同点更多。这些不同，主要表现在三个方面。一是身世不同。他是军队干部家庭，在成都长大，没有上山下乡的苦难，也没有地方"走资派"或家庭出身不好子女的辛酸；我来自号称"下川东"贫困地区之一的万县（后

---

* 徐开来，四川大学哲学系教授。

来被称为重庆万州），不仅是典型的农村生长的娃儿，自己由于高中毕业后被国家政策决定回乡务农，入学时的标准身份是农民。二是性格不同。也许有上述因素的影响，他和我的性格差别较大，有的方面甚至截然相反。例如，他性格外向，说话直截了当，喜欢也擅长与人辩论（包括老师）；我则胆小内向，连正儿八经的会议或课堂发言都感到紧张，基本没与同学（更谈不上与老师）辩论过（当然经常有讨论）。三是兴趣爱好不同。在我印象中，他的兴趣较广，知识面较宽，除专业外，对军事、历史、文学、自然科学、围棋等都有兴趣，经常和不同的同学在一起讨论不同的问题；而我的知识面较窄，业余爱好只对小说和诗歌有些兴趣。正因为我们之间客观存在的若干差异，而且不住同一寝室，他周末又要回家，导致了三年（这是国家统一规定的学习年限）之中的交往不是太多，特别是少有推心置腹的深入交流。

尽管如此，因为他在同学中太过突出而惹人注意的名气和个性，加上我们毕竟同属一组，有不少活动都在一起，三年下来，还是对他有比较完整和深刻的印象。

我个人以为，他标签性的特点可以概括为四个字：率性、狂傲。

他的率性多方面地体现在其言行举止里。例如，破自行车、塑料凉鞋、旧衣旧裤旧军用挎包的流行标配；大碗吃饭，大口抽烟，大声喧哗的梁山遗风（遗憾的是，梁山精神中最有吸引力的 8 个字——"大块吃肉，大碗喝酒"对我们大家而言，那时都是可望而不可即的）；争问题时的面红耳赤，吵群架时的一马当先，下围棋时的通宵达旦；不修边幅，不爱打扮（后来谈恋爱了，才改正一些）的文人派头；不避人所恶亦不投人所好的我行我素，如此等等，难以细数。

他的狂傲在我们班上应该是有目共睹的。我之所以没用"骄傲"而说"狂傲"，是因为在我看来，只有这个"狂"字，才能比较准确地反映出他在知识、学识、见识与胆识方面的自信和霸气。这种狂傲，主要集中在两个方面。一是不愿服输（当然这也是包括我在内的多数人的正常心态）。无论是知识性、学术性、时事性问题的争论，还是棋盘上黑白双方的搏杀，甚至生活中饭量等的较量，他都表现出志在必得的架势，铆足了劲全力争胜，虽然多数时候他也真的获得了胜利，但如遇战败，获胜方往往"乐极生悲"，难以及时脱身。二是不爱和一些同学交往。这其实是他率性性格的自然表现：既然彼此在经历、兴趣、性格等方面大不相同，不能从交往中相互启发，共同受益，又何必装模作样秀亲密呢?！当然，交往毕竟是双方自愿的，也存在有些同学不愿主动与他交往的情况，因而没有谁对谁错的价值判断问题。不过需要说明的是，不交往不等于不搭理。对同学们的合理要求与实际困难，他经常尽可能地，甚至主动地给予帮助。在我的记忆中，这种事情不少。例如，有同学生病缺课，找他借课堂笔记参考复习，他不会拒绝；有同学外伤需要去校医院，他如在场，会用自行车骑送；有年春节，我和几位外地同学没有回家，大年初一，他就与我们2组的另一位成都同学一起送来了可口的饭菜，使我们很是感动。

我把他称为"真君子"，是在多种意义上的。中国人嘴里或笔下的"君子"，意思太复杂，绝难用清楚明白的一个定义概括完全。经常被人们说起的就有很多，譬如，"君子之交淡如水"，"量小非君子，无毒不丈夫"，"君子报仇十年不晚"，"君子喻于义，小人喻于利"，"君子坦荡荡，小人长戚戚"，等等，甚至还有"梁上君子""瘾君子"之类的说法。或许正是因为该词含义纷繁，为尽可能易于识别，防止望文生义，引人上当，极有智慧的我们的祖先特别发明了两个更富价值论意义的称谓来加以区分——"真君子"和"伪君子"。我以为，至少在下面的三种意义上，王卡是当之无愧的真君子。

其一，君子要有自己的原则和担当，不随波逐流，更不落井下石。这方面，有一件事是我几十年印象最深的。1976年，我们班出了一件惊动全校的大事——一位同学被公安局以反革命罪的嫌疑逮捕了（直到1979年，才被无罪释放，恢复党籍和学籍）。为及时利用身边典型的鲜活事例来教育全校师生，学校和公安局配合，把该同学先后两次押解回校进行批判（先在哲学系，后扩大到全校）。毫无疑问，我们班成了最受关注的对象，不仅大小批判会要有代表去发言，成立材料梳理组搞一些基本材料，整出来几份公开张贴的大字报，而且每个人还要写个人批判稿交上去，以表划清界限、坚决斗争之类的态度。老实说，由于该同学性格外向，能说会写，喜欢文学（尤其是诗歌），又好像是个班干部，以前与王卡和我都有较多的私下接触，除了聊文学之类的话题外，也会一不小心涉及某些在当时敏感甚至犯禁的问题。王卡（也包括我和多数同学）虽然不可能飞蛾扑火，去公开为该同学辩护，但似乎（确实记不清楚了）巧妙拒绝了要他大会发言的任务，更没有在会议场合或文字材料里违心地说些过头但却时髦的"革命"话语。不仅如此，在私下，仅就我听到的而言，他就多次表现出对该同学的惋惜与同情。

其二，君子要有坦荡的气度和磊落的胸怀，不斤斤计较，小肚鸡肠。由于王卡喜欢与人讨论乃至辩论和争论各种问题，又不轻易服输，加之说话直截了当，因此非常容易得罪人。更麻烦的是，因为他性格中还有"马大哈"的一面，所以，就会经常出现他已经得罪了人自己却浑然不知的情况。我记得有这样一件事：我们组有位同学学习成绩不是很好，但比较刻苦，为人实在，自尊心也强，有次小组开会，他俩为一个现在已记不清楚的什么问题争论了起来。好像是王卡的某句话刺伤了该同学，使得他一下子急得翻了脸，立马大骂起来，并有打架的征兆，吓得大家紧急劝开双方，平息战火；我们下来委婉地批评了那同学，认为他误解了王卡，他自己冷静后，也认识到错误主要在自己，并表示会找机会向王卡道歉；但没过多久，大家再聚在一起时，王卡却主动坐在他旁边一如既往地谈笑风生了；那同学有点尴尬，以为是王卡在抢先冰释前嫌，急忙为上次事情道歉，却不知得到的回应是（大体意思）——哦，想起来了，那事呀，别往心里去，争论问题嘛。

其三，君子之交在心灵交流和自然而然，不在物质交换与刻意追求，是淡如水，不是浓如火。前面说过，我和王卡、尹岚宁夫妇不仅是同班，而且是同组的同学，大学毕业以来，无论是在北京还是成都，都有过很多次的聚会、品茶或喝酒，算是感情比较好，交往比较多的同学之一（他们是一家，算一人）了。但是，我清楚地记得，40年来，我们彼此之间从来没有在各种节日来临时，给对方打个电话问候（曾经互寄过几年贺年片，后来也没了）；除了一次例外，我们之间也从来没有相互送过任何礼物。这唯一的例外是，我1981年结婚时，他们夫妇送了一对带盖的搪瓷缸子（因为当时写在了本子上，一直记得），我夫人用来装白糖等，很不错，至今当宝贝留着。至于他们结婚时我送没送礼，送的什么，完全没有了印象。

这就是我眼睛里和记忆中的王卡，一位本真的、透明的、优点和缺点同样突出、有些早熟却又似乎成熟不了的超验贤士并凡夫俗子！他匆匆地走了，太突然！留给他的，一定是十二万分的不舍与不甘，留给我的，除了悲痛之外，还有为他的骄傲。我和他的学术研究领域相隔太远，不敢也不能对他的成就妄加评判，但作为大学同学，我可以实事求是地概括出他在我们 70 位（当然包括了那位因"反革命"罪而被开除的）同学中创造的至少三个"第一"：年龄"第一"小，考研"第一"早（他是我们班唯一在毕业当年就考上研究生的同学），学术水平"第一"高。

缅怀王卡学长

盖建民 *

　　王卡先生是我们四川大学的杰出校友，他和尹老师都是我们四川大学哲学系毕业的杰出校友。我们在道教界里面以王卡校友为荣。王卡学长跟我们川大宗教所的渊源是非常长的，有非常深厚的渊源。刚才卓所长也说了，王卡先生最早的工作地点是在成都。这个我也听卿先生说过。早年，1980 年，卿先生在世界宗教所任先生的大力支持下，在创办川大宗教所时，曾经同世界宗教所有一个合作，当时有一个合作期，有一个合作研究的机构。最早呢，我听卿老师说，当时有三位北京派来的，世界宗教所派去的研究人员，王卡学长就是其中的一位。后来卿先生又创办了川大 985 宗教哲学创新基地，二期的时候，卿先生也聘请了我们王卡学长，作为我们 985 基地的特聘研究员。所以说，王卡学长实际上跟我们川大宗教所同仁有非常深厚的渊源。我们在这个假期听到王卡先生不幸英年早逝，我们所里的全体同仁都表示非常的悲痛。今天非常感谢世界宗教所领导，还有汪桂平主任给我们提供这样一个机会，让我来代表我们所全体同仁，在这里向尹老师、世界宗教所以及道教室的同仁，表达一下我们对王老师的缅怀之情。

　　刚才，马西沙老师说了王卡学长的很多治学特色，对王卡学长的这些评价，我也非常赞同。王卡老师应该是我们的老师和学长。我跟王老师的接触，主要是 90 年代跟卿先生读博士研究生以后，这 20 多年在国内外的各种学术会议上，都聆听了王卡先生的学术风采。对于王卡先生的学术特色，刚才马老师概括得非常好。我也听卿先生说过。有一次我们

---

　　*　盖建民，四川大学道教与宗教文化研究所所长。

在散步的时候，卿老师就跟我说，王明先生有几大弟子，今天在座的有我们的陈静老师，他还说王卡先生继承了王明先生擅长考据的学术特长。我个人以为，王卡先生做学问非常认真。刚才马老师说他是一个纯学者，我非常赞同。王卡先生做学问的一个特色，就是从细节入手，以微见著，这是他非常重要的一个特色，这也都获得了我们同行的一致认可。我在这里也想讲一个小小的插曲。就是两个多月前，在第四届国际道教论坛上，有一场，第二场道教的分论坛，是请我来做一个学术的评议，其中发生了一个小小的插曲，我在这里说一下。

有一位来自日本的学者，他提交了一篇文章，谈到我们元代有一部叫《渊源道妙洞真继篇》的道经。关于它的出世年代，这位日本学者认为，我们国内这些学者的考据，主要是指王卡先生的，有几篇关于《渊源道妙洞真继篇》的考据年代有误，他认为不是宋元的，应该是明代的。国际道教论坛组委会事先把这篇文章发给我，让我做评议。那么他引据的最重要的一个证据，也是这篇道经的一个特色，它的正文很短，主要引用了很多医籍来证明它是医道融通的一部道经。它引证的都是中国古代的一些医籍，用来解说正文，解说的经文比正文要长得多。王卡先生认为这篇道经的断代大概是宋元时期。那么这个日本学者最近考证说，他从这部道经注文的引文里面引了《普济方》这个经典立论。《普济方》是明代的，而它的注文引了《普济方》，因此这个道经的断代就有问题。我当时准备评议的时候，就感觉可能这个日本学者不一定准确。因此，我就查了一下《普济方》的原文，我发现所谓这个《普济方》的这些原文，实际上是从宋代的《圣济总录》里面汇集而来的。因此，以《普济方》的这个证据来证明它的年代晚出，我觉得是站不住脚的。后来我在评议中就指出了这一点。这是非常小的一个插曲，因为这个日本学者最近写了一系列的文章，试图认为他找到了比较确切的证据，可以推翻王卡关于这部道经的断代。这个事情，就是两个多月前在我们中国道协武当山举办的国际道教论坛上发生的。从中可以看出，王卡先生在道经的断代方面，我觉得他这个成果应该就像马老师说的大概是一二十年前做出的一个研究成果，依然是比较扎实可靠的。我就讲这么一个小小的插曲。这是我想说的，就是王卡先生在道教研究方面，是非常严谨的一个纯粹的学者。我今年50多岁了，但是我们以前，二三十年前跟王卡先生在一起开会的时候，我们都很紧张。为什么呢？因为王卡先生每次点评都是直奔主题，所以我们感觉王卡先生是非常率真的一位学者，对就是对，错就是错。我觉得这在当时的学术界是非常难得的一股清流、一股清风。我觉得我们要缅怀王卡先生认认真真做学问治学的这种态度。

最后，我还想说，就是我们川大宗教所，从卿先生开始，跟任继愈先生、王明先生，跟我们中国社科院都有非常好的渊源关系。刚才马老师说我们纪念王卡先生，最重要的就是要进一步发扬光大我们道教学术研究。很多的学者都认为王卡先生在做学问上面有很多的特色、特点，我在这里也想补充一点。老一辈的学者，比如像卿先生、任先生、马老师，他们做道教研究，他们有一种学术报国的情怀，非常的强烈。我觉得王卡先生实际上也继承了老一辈学者的这种学术报国情怀。我非常清楚地记得，在一次学术会议上，王卡先生亲口说过这么一句话，给我留下了非常深刻的印象。大概是在七八年前，他说我们国内的这些学者，如果你要认认真真踏踏实实地做学问，你就可以做出一流的学术成果来。当时这句话给我留下了非常深刻的印象。就是说，因为我们知道，我们国内的道教学术研究起步是比国外晚了很多，但是，当时王卡先生有这么一句话，我现在仍然记得，印象非常深刻。我现在川大宗教所给博士生上课的时候，在第一堂课，我往往都会引这么一句话，我说只要我们踏踏实实地去做，我们虽然起步晚，但是我们不要妄自菲薄，我们一定可以做出令国际同行认可的一流学术成果。因此，这个精神，我觉得是王卡先生他有一种情怀，他做道教研究是有一种学术报国的情怀，这种情怀应该是继承了老一辈学者的学术品格。那么，这种精神，也应当值得我们这些后辈学者学习发扬光大。因此，我觉得我们学术界的同仁，特别是年轻的三四十岁的这些学者，应该在前辈学者研究的基础上继续努力，在王卡学长他们学术研究的基础上，我们要更加努力，去做出我们中国学者在道教研究方面的一些成果来，甚至可以打造我们道教研究的中国学派。朝这个目标去努力，我觉得这才是对我们王卡学长最好的追思和追忆。

我就想表达这么几层意思。最后，在这里向我们的校友尹老师也表达我们川大宗教所全体同仁的深切慰问。世界宗教所是我们王卡老师的家，希望我们川大宗教所也是王老师的家。那么，我们希望尹老师以后有机会在成都的时候，多到我们川大宗教所来走一走，川大宗教所也是您的一个家。您将来在成都若有什么困难，我们所的同仁一定会竭尽全力配合来做。

2013 年，王卡在四川大学宗教所专家研究室

怀念王卡先生

张广保*

我听到这个噩耗，觉得非常突然，不可思议。我确实没有想到，因为之前我们经常在一起开会，5 月我的博士生毕业答辩，我还请他做答辩委员。之后是道教学院研究生开题，我们也在一起，所以真真没有想到。在北大答辩时，我们在未名湖畔散步，他说"你能不能召集一个老汤门的讨论会"。什么叫老汤门呢，就是指汤用彤先生的门下弟子。我们知道，王明先生、任继愈先生等都是汤用彤先生的学生。我说，这个规模可不小，光王明先生门下、任继愈先生门下就有不少人，我们这边小汤先生门下人也很多，召集起来相当于召开一个全国的宗教讨论会。这个事情他和我讲过好几次。其实，我和卡兄的交往始于 1992 年。王卡是我国道教研究第一届博士，我是 1992 年博士毕业答辩，答辩的两位同行评议，我记得非常清楚，一位是王卡，一位是胡孚琛。当时的地址是地质大学，我还前往地质大学宿舍送文章。之后，交往就非常多。像《中华道教大辞典》，王卡主要负责文献典籍部分。当时已经下了很大功夫。他跟我讲过，他通读道藏。我们知道，通读道藏是很不容易的事。我在 1992～1996 年花了 5 年时间去读道藏，当时非常辛苦，尤其是正统道藏，都是没有标点的。但是要做道教的学问，这一关是不能不过去的。这也是我们乾嘉学统。乾嘉学派有几个人（像戴震、钱大昕等）都读道藏。但是很难读，因为分类不是按照四部分类法，而且很多没有年代，没有作者，进去犹如泥牛入海，进得去出不来。所以，乾嘉诸老学问做得好的，很多是在经部、史部，但是唯独在道教研究，乾嘉诸老在这里下的功夫不够，做得未必好。所以，现在我们

---

* 张广保，北京大学教授。

要复兴传统文化，我们有没有一种方法。我们可以从偏锋开始，从道教开始，用道教学习传统文化。过去很多研究道教史的学者看着欧美。欧美确实研究的比较好，法国有法国的学统，日本有日本的学统，但是咱们的学统就有点信心不足。一些学者唯欧美、日本马首是瞻，我觉得大可不必，至少是在道教领域。不去读道藏，怎么算是道教研究呢。这是我和王卡经常在一起讨论的，我们要建立自己的学统，建立道教研究的中国学派，我们要夺回话语权。王卡先生为什么老提老汤门呢，其实就是我们有这个学统。乾嘉诸老，从戴震、钱大昕，一直到陈垣先生、陈国符先生、汤用彤先生，一直没有中断过。我们这个学统一点不比西方的学统差。将来，我们以文献为基础。文献就是我们传承的很珍贵的遗产。西方很多学者不能自如地读没有标点的道藏，这是说不过去的。我们还是要有信心。另外，我们在建的这个道家研究中国学派，不能把道教只是看作一种宗教，还要看作中国传统文化很重要的一部分，甚至是最古老的那一部分。原因很简单，三礼标识我们的礼乐文化。三礼中记载了很多礼，但是斋仪、醮仪都没有，这只有道教道藏才有。这部分是非常古老的。詹石窗先生为参事室也写过一篇东西，讲帝王道教。灵宝经是传自大禹、帝喾，《庄子》记载说黄帝问道于广成子。这也是没有的。很长时间，道教也是负责五岳四渎的国家祭祀。从这方面，我们也可以看出，道教保留着最古老的那部分传统文化。这是我们的主位。西方道教研究不会站在这个主位上的，当然他们也谈不上传道。他们有学没有道。这个是我们彼此之间很大的差距。其实我们已经做了很大成就。刚才，马先生提到，任先生主编的，王卡先生参与的《中国道教史》。那就是我们响当当的东西。卿先生的道教史也是响当当的东西。我们是站得住脚的。还有我们的《道藏提要》。我读过两遍，我是从这入门的。那是指南针，没有指南针，读道藏就找不着北。能做的我们还是做到了。还有王卡先生提议的中华续道藏，兹事体大，现在已经在国家"十三五"规划中了。这个事情将来要做完。道教室向来有做大项目的传统，这件事也多多关注，大家一起做。做几件事我们真正来怀念王卡先生。最后也请尹老师多保重。当时，我接到这个消息，感到不可思议。因为我和他谈话还没过去多久，所以这一段时间非常难受。很难过，接受不了。

卡兄千古

强　昱[*]

得到卡兄辞世的消息很震惊，也很痛心。5月份时，我接到两份评审材料，一份就是卡兄的《道家思想简史》。电话中，我问对方时间急不急。对方说不着急。所以，6月份，课程一结束，我就抽了两个晚上一口气读完了这部著作。之前，我们就有过交流，他介绍过自己的想法。当我读到成文作品的时候，对他脉络的清晰、态度的明确、立论的可靠深表欣赏。所以，我很快写下了评议意见，希望这部重要的作品早日推向社会，服务于社会。一般来讲，我是从来不公开自己对评议作品的意见，但是这次我非常高兴。因为我知道用不了多长时间，我会和卡兄见面，会当面交流。当然我对他的作品略有建议，就是宋到明大量的儒生重视老庄的作品、这些儒生的作品被入藏，还有一些名僧留下对老庄的注疏作品，卡兄可以在修订本中略加注意。这是我本来想和他见面时将要聊的话题，不想成为永久的遗憾。之前，卡兄和我谈起过另外一件事。他说准备修订《老子河上公章句》，其中有一个日本的抄本没有被利用到。当时刚好我们的一名学生在日本复印了这个抄本，我后来托人转交卡兄。卡兄特别高兴。我们知道，他念念不忘修订《老子河上公章句》，而《老子河上公章句》本来已经成为名作。使之更加完善，这是他的心愿。刚才听到卡嫂说起卡兄生前对思想、学问追求的细节，令我们非常感动。从20世纪90年代和他交往至今，特别是有两次开会的时候，和他住一个房间，我们在房间一边抽烟，一边喝茶，一边聊天，不知不觉四五个小时就过去了。今天，音容宛在，卡兄已逝，我只能在此表达卡兄千古。

---

*　强昱，北京师范大学哲学与社会发展学院教授。

悼念我的良师益友

何建明[*]

汪桂平老师并转王卡先生亲属及各位同人：

我非常遗憾不能参加于8月8日在北京举办的王卡先生追思会，因早有8月1日至15日的台湾佛教考察行程，深表歉意！

王卡先生是当代著名的道教研究学者，在道教学术的多个领域都有重要的成就，他对道教文献学，尤其是在敦煌道教文献学领域所取得的卓越成就，成为我们这个时代道教学术研究的标志性成果，一定会永远嘉惠后学。

王卡先生在从事道教学术研究的同时，也非常关心当代中国道教的发展和道教文化的繁荣，为此他在多个场合都发表了真知灼见，希望他的这些见解，会给道教界和政府决策部门产生一定的影响。

王卡先生多年来都非常支持和积极帮助中国人民大学的道教学术研究和人才培养工作，长期担任中国人民大学博士论文校外评审专家，多次应邀来校参加学术评审和研讨活动，赢得了中国人民大学师生的高度赞誉。

我与王卡先生认识近30年，他是我非常尊敬的师长。他性格耿直，但又胸怀宽广，给我留下了许多美好的回忆。他无愧为我的良师益友。

王卡先生正当盛年却突然辞世，是学术界的重大损失，让我十分惋惜和悲痛，留给我无尽的思念。

谨此祝他一路走好！

2017年8月7日于花莲

---

* 何建明，中国人民大学道教研究中心主任。

追念王卡老师

郭　武 [*]

　　7 月 17 日清晨，我接到同学侯冲发来的信息，惊悉王卡老师英年早逝！这个消息来得太突然，令人不敢相信！当天从早到晚，我一直呆坐发愣，精神恍惚。

　　王卡先生是我大学时的老师。当年我在北京大学哲学系宗教学专业读书，这个专业是 1982 年任继愈先生建议由北京大学哲学系与中国社会科学院宗教研究所合办的，两个单位分别负责哲学、宗教学方面的教学。王卡老师是我们 84 级《中国道教史》课程的任课教师，这门课是他与金正耀（金棹）老师共同主讲的，此外还有马西沙、韩秉芳老师来讲"民间宗教"部分。王卡老师为我们上课时还是博士研究生，因为当时社科院宗教所研究道教的人员不多，所以就只能派博士生来上课。我作毕业论文时，选的是道教全真派方面的题目，系里安排王卡老师做我的论文指导老师。记得王卡老师当时住在中国地质大学里，离北大不远，我经常骑自行车到他家里请教问题。他的家在地质大学"主席像"背后的楼里，好像是一间大教室隔开来用的，比较空荡，没什么家具，做饭是在楼道里。我去他家里的时候，师母和孩子也经常在，见我们谈写作论文的事，他们就找个借口出去了，为的是不影响我们。王卡老师为我提供了很多资料、解答了许多问题，并对毕业论文的提纲、文字进行了认真修改，可谓引领我进入道教研究之门的第一人。

　　因为宗教学方面的师资全部来自中国社科院，北大哲学系尚不能招收宗教学专业的硕士研究生，所以当时我如果要读研究生的话，只能去

---

　　* 　郭武，云南大学历史系特聘教授。

中国社科院世界宗教研究所。然而不幸的是，在我考研的那年，世界宗教研究所因为"整顿"而停止了招生计划。王卡老师得知这一消息后，多次动员我去报考四川大学宗教所卿希泰先生的研究生。记得当我去川大面试时，卿希泰先生知道我是王卡老师推荐来的时候，满脸笑容、慨然应允。事后，我才知道王卡老师是四川人，曾在四川大学读过书，也在中国社科院世界宗教研究所设在四川的"工作站"任过职。同时，也得知王卡老师的父亲当时已是西藏军区的高级领导；多年以后，与一些朋友谈起王卡老师的这种家庭背景，大家纷纷感佩他不借家庭出身谋仕途而献身清苦学术事业的精神。

　　离开北京后与王卡老师的第一次见面，是1994年在四川大学的"道教文化国际学术研讨会"上。当时我已经研究生毕业回到云南，而王卡老师则是世界宗教研究所道教研究室的副主任了。之后的很多学术会议上，也经常见到王卡老师，多有机会向他当面请教。王卡老师不仅知识渊博、研究精湛，对道教的经典文献非常熟悉，而且豪爽耿直、不拘小节，同时还有抽烟的嗜好，所以，在会后找他抽烟聊天、请教问题，便成了我们见面的主要内容。

　　2006年，我去香港中文大学道教文化研究中心访问讲学，住在联合书院。一天突然接到电话，有人在电话那头说："是郭武吗？听得出来我是谁吗？我住在你的楼上。"我听出电话那头是王卡老师，原来他也到中文大学来访问了！于是，与王卡老师一起在中大校园里找地方抽烟聊天，就成了我这次访港的重要内容。也正是在这次访港期间，香港蓬瀛仙馆找到王卡老师和我，希望我们为"道教文化资料库"积累的一些道教名词术语做释义工作。这些名词术语有四千多条，绝大部分未见于已出版的《中华道教大辞典》和《道教大辞典》等辞书中。我和王卡老师各领取了两千多条，信心满满地准备在两年内完成工作。孰料，由于辞条生僻，解释不易，每完成一条都需要查阅大量文献，相当于写一篇小的学术论文，所以直到前两年我才完成交稿。因为觉得这些辞条比较少见，相关的解释很有学术价值，所以我曾建议王卡老师将来合出一部《新编道教辞典》，王老师也高兴地答应了。怎料辞典尚未出版，老师竟驾鹤仙去了！

2008 年秋，我结束在哈佛大学燕京学社的访问，回国路过北京时，曾专门去王卡老师家里看望他和师母。当时他搬到通州区去住了，我从北大跑了很远的路才到他家里，记得是一个新楼盘，周围还像工地似的，环境不太好。说起北京的房价，他说在城里买不起房子，只好搬到这里来居住。又说这样可苦了师母，因为她在位于白石桥的国家图书馆上班，每天路上需要来回跑几个小时，有次在地铁上甚至被人挤伤了肋骨！我请他们在街边的饭馆里吃饭，但饭后师母却坚持不让我付钱，说我这么远跑来看他们，必须由他们埋单。后来，得知王卡老师当选了中国社会科学院的"长城学者"，有一些额外的生活津贴，我的心里才好受了一些。

王卡老师非常敬业，经常可以见他不辞辛劳地参加各种会议。今年 5 月在武当山的"国际道教论坛"开幕式上，我刚好与道教研究室的汪桂平主任相邻而坐，问起王老师为什么没来参加这次论坛，汪桂平说王老师本来坚持要来的，但因不久前曾经晕倒在地铁上，所以医生不准他出门。我回答说：之前不久还见到过王老师，觉得他的气色很不错的，不会有什么大问题。孰料这竟是王卡老师生前，我最后一次念叨他！

斯人已去，驾鹤飞升！希望师母好好保重身体！我们这些学生，也要继承王老师的遗志，多出一些好的作品，以慰王老师的在天之灵！

深切缅怀王卡先生

尹志华[*]

1998 年 7 月我从四川大学宗教所毕业，来到中国道教协会研究室工作。不久，我就参与了《中华道藏》的编纂工作。当年 8 月 16 日在庐山召开的编委会工作会议上，我第一次见到了王卡先生。之后，王卡先生经常来道协，有时是开会，更多的时候是来做具体的编纂工作，这样我们的接触就很多了。我在川大的时候已经参与点校了部分道经。这时王卡先生又交给我一份敦煌道经，是成玄英的《老子道德经开题序诀义疏》，让我点校。我看开头一部分，像重文似的，如看天书。王卡先生教我如何解读后，我才明白。后来我点校完了，王卡先生表示满意。

大概有一两年的时间，我和同事章伟文等人在王卡先生的带领下，专门做《中华道藏》的编辑工作。就是定标题（哪个是一级标题，哪个是二级标题，直到四级标题），划版式（哪里顶格排，哪里空两格，哪个应该排小字），用不同颜色的笔标出经文和注文。这些琐碎的具体工作本来应该由出版社的编辑干，但他们干不了，只好由王卡先生带着我们干。办公场地是原先堆放书籍的一个仓库改造的，可以说非常简陋。寒来暑往，也不记得到底干了多长时间，我们终于将《道藏》中的全部经书都加了编辑符号。

各地交上来的点校稿，质量参差不齐。王卡先生尽最大努力，亲自校改了大量稿子。现在我们可以看到，有的经书后面写着"某某点校，王卡复校"的字样。王卡先生没有署名的改稿就更多了。但是，一个人的精力毕竟是有限的，不可能对所有稿子都进行校改。当时由于经费有限，也没能聘请更多的专家来统稿，因此还是留下了一些遗憾（据我所

---

* 尹志华，中央民族大学副教授，中国道教协会道教文化研究所原所长。

知，王卡先生做的很多改稿工作，大概并没有报酬）。

《中华道藏》出版后，王卡先生独自一人花了三年多时间，编纂了《中华道藏》经书引用书名笔画索引。这个索引将《道藏》经书正文中出现的引用书全部列举出来了。这是一件费时费力但对学术研究非常有价值的工作。王卡先生为《中华道藏》的编纂倾注了大量心血，他这个"常务副主编"真的是实至名归。

在《中华道藏》编纂工作接近尾声的时候，王卡先生就开始积极筹划第二期工程，即继续搜集整理明《道藏》未收的道书，编纂《中华续道藏》。王卡先生不仅多次给中国道协领导提出建议，而且在国家宗教局召开的会议上积极呼吁，后来又直接给局领导上书。在各方面的努力下，《中华续道藏》的编纂终于提上了议事日程。2015 年 10 月 19 日，国家宗教局正式批复，同意中国道协启动《中华续道藏》编纂工程。2016 年 1 月 7 日，《中华续道藏》编纂工程被列为 2016 年度国家社会科学基金特别委托项目，资助研究经费 80 万元。同年 3 月，十二届全国人大四次会议通过的国家"十三五"规划，将编纂《中华续道藏》列为文化重大工程。《中华续道藏》的论证会和向有关部门汇报的会议，王卡先生每次都应邀出席，并在会上积极发言，从专业角度提出意见和建议。

王卡先生提携后学不遗余力。他经常对道协领导说，要重视我们这些年轻人，要为年轻人从事学术研究创造有利条件。有一次在得知我参加朱越利先生主编的《道藏说略》，正在撰写《太玄部说略》时，他特地在一次开会时带来一篇他尚未发表的关于《老子节解》的论文，让我参考。他的大著《敦煌道教文献研究》出版后，他又趁参加中国道教学院十五周年院庆时，带一本送给我。他还多次和我讨论清代道教的历史。因此，拙著《清代全真道历史新探》完稿后，我首先便想到请王卡先生作序。当我把书稿带给他时，他欣然应允，很快就写了一篇勉励有加的序言。

对于王卡先生，我不仅敬佩他的学问，而且敬佩他的为人。我印象最深的是，他在参加各种会议时，总是秉持知识分子的良知，直抒己见，从不曲学阿世，这是非常难能可贵的，也是永远值得我学习的。

王卡先生在学术生命的盛年溘然离世，后学悲痛之余，敬撰此文，以表深切怀念。

追忆王卡先生

刘　屹[*]

一

我是王卡先生的学生辈。1997 年，我在首都师范大学历史系硕士毕业，蒙方广锠先生介绍，我带着自己的硕士论文，到中国社会科学院世界宗教所道教室，登门拜访王卡先生。王卡先生对我鼓励有加，并建议我跟一位来自美国的留学生一起在道教室听课。随后整整一个学期的时间，道教室的老师们轮流在每周二开课，给我和这位美国学生讲授道教的历史、文献、思想和教义。其中王卡先生讲的次数最多，也最为系统。这也是我第一次得到道教专业学者的教示。

2000 年，我博士毕业时，王卡先生也是我的博士论文评议和答辩委员之一。所以，王卡先生亲自给我上过课，做过我的博士毕业论文答辩委员，他跟我实实在在是有师生之谊的。我和王卡先生的交往，只有1997 ~ 2017 年这 20 年的时间。我们的交往算不上有多热络，基本上是：有事时，无论谁找谁，都会得到对方积极而热情的回应；无事时，很可能彼此大半年甚至一年都没有联系。最初几年，我曾请王卡先生给我写过申请国家社科青年项目的推荐书、申请科研奖励的推荐书、成果结项的鉴定等。无论多忙，他都第一时间给我写好。那几年，我也曾为了评职称，而想在某宗教学专刊上发文章，或是从宗教学领域申请国家社科基金的课题，找到王卡先生请他帮忙，他都给予我无私的帮助，尽管最终都没成功。这也是当年我作为"青椒"时必须要经历的成长挫折。

---

* 刘屹，首都师范大学历史系教授。

最近几年，我也以答辩委员的身份，参加过几次王卡先生的学生毕业论文答辩。第一次去社科院参加答辩，以我的学术标准，我不认为某位博士生的论文可以达到"优秀博士论文"的水平，所以五个评委中，只有我一人给出的评价是"良好"，导致这位同学的论文没有评上社科院的"优秀论文"。王卡先生不以为意，此后继续邀请我去参加他学生的答辩。我的一个博士生想去他那里做博士后，我前后只给王卡先生打过一个电话："听说您那里今年有博士后的名额？我今年毕业的这个博士程度不错，想推荐给您。"王卡先生说："你叫他递简历过来看看吧！"就这样简单的一两句话，没有再多的拜托、关照、添麻烦之类的废话。因为我知道王卡先生看重的是学生的科研能力，而不是导师的人情关系。

2001年初，《中华道藏》已经进入收尾阶段。有次王卡先生问我能不能承担起敦煌本《升玄内教经》和《太玄真一本际经》的录校工作。我一开始满口答应了，但还没等正式接手这项任务，几天后就因学校这边事情一多，又改口婉言谢绝了。这也是我那时刚毕业工作不久，在待人处世上还有很多不周全之处所致。王卡先生有点着急，说："这两个经本，日本学者都已有现成的录校本。你在他们的基础上再做，不会费多大事的。"可我还是没有应承下来。但王卡先生并没有因此事而责怪我，或冷落我，每当有他得意的新作发表，或是新书出版，都要寄给我。

《中华道藏》出版后，我看到这两部经，都是王卡先生自己亲自整理点校的。假如我当时没有出尔反尔，是否就可以为王卡先生分担一点点工作量呢？我对此一直心存愧疚。到2016年4月间，王卡先生跟我说起，他有志于推动《中华续道藏》的编纂。我当时已基本完成《灵宝经》的研究工作，正想着下一步该找个什么新的研究方向；再加上当年《中华道藏》的遗憾一直存在心底，就主动表态说：一定会在王卡先生主持的《中华续道藏》的工作中贡献力量。王卡先生还让我参加了在白云观中国道协举行的《中华续道藏》立项研讨的沙龙活动。但不料这个项目还未全面展开，王卡先生就遽归道山！我对王卡先生的愧疚之情，看来已经永远无法弥补了！

二

2010 年时，我有次去社科院见王卡先生，带去我发表在《文史》2009 年第 2 辑上的《敦煌本"灵宝经目录"研究》一文的抽印本。5 月 19 日，王卡先生在电邮中回复我说：

> 关于这个题目，目前已知的材料你都已用到，所持观点亦无大碍。其实 1987 年前后我写博士论文（见任继愈主编《中国道教史》），也反复琢磨过这个问题。我的看法，灵宝经的"旧经"和"新经"，可能是南朝（约陆修静至宋文明之间）道士编成组的两部经书。其中各篇经书问世年代有先有后，具体年代很难确定。就以"仙公新经"来看，最早的《五符序》在东晋初成书的《抱朴子内篇》已有引述，甚至可追溯到东汉袁康的《越绝书》，受汉代谶纬思想影响。讲述科仪的《敷斋威仪》等篇，可能晚于"元始旧经"，但陆修静时已出。而具有菩萨乘观念，出现高上老子名号的《仙公请问经》等篇，则可能更晚。"元始旧经"中的各篇也是有先有后，应该具体分析。记得某位日本先生在北大研修时，曾来我所谈到过此问题。我的看法是，这些书问世的精确年份很难论定，直接证据材料不足，只能根据现有资料，加上诸如思想内容、行文风格、神灵名号等，大致划一个年段，诸如"东晋末、南朝初"、"南朝中期"等模糊的年代范围。太明确了就缺乏直接证据，容易出错。但日本人是喜欢将任何资料都定得比较死，这是他们的特点，也无可厚非。总之，这个问题还是可以继续探讨的，但下的结论还是稍微宽泛点比较可靠。仅供你参考。

我在 2009 年这篇文章中一个自认为是比较重要的推进，就是在王卡先生当年对"第五篇目"释读的基础上，提出一些新的释读。在旁人看来，我这是以一个"后生小子"对王卡先生这样"前辈大家"的研究提出了不同意见。这在道教学界似乎是颇为忌讳的事情。所以，我当天通过电邮答复王卡先生说：我也注意到您在很多场合都强调说道经的定年问题不要搞得太精确，像日本某位先生那样的做法是不可取的。我也提醒自己不要重复他的老路。不过，我觉得以往的研究一贯有"统合"的倾向，把"元始旧经"当作统一的一组，"仙公新经"当作统一的一组。而且固定化地就认为"元始旧经"一定早于"仙公新经"。现在看来，它们各自内部的不同之处，还是可以找寻到一些线索的。我希望用"析分"的视角，去重新审查这些《灵宝经》。因为道教研究中的很多课题，都缺乏像其他学科研究那样，经过长时间和几代人，不断地立论、检验、修正、改进的历程，所以我更看重我这样做，会对未来的《灵宝经》研究产生什么样的影响。也许我现在的某些具体结论，将来被证明是站不住的，但至少我提出寻找看似统合一体的诸经之间可能有的诸多不同之处的蛛丝马迹，会对以后自己和后来学者再进一步认识《灵宝经》提供一些新的线索。

您对拙文的建议，我会好好考虑后，在结论部分多留出一些余地。感谢您的指教！在国内这么多道教研究者中，感觉和您的方法、思路都比较接近。以后还请您继续不吝赐教！我即便在某些文章中直陈与您观点不同之处，也希望您不要以为我是为了批评您而给自己出头。我觉得道教的研究就需要在某些具体问题上多一些"你来我往"，才能把问题进一步厘清。

王卡先生在 20 日给我的复信中说：

你的观点我完全同意。前些天网络上都在讨论中国的学术研究为何缺少原创性，其中一个重要的原因，就是中国缺少不同学术意见的争鸣，学生不敢批评老师，年轻人不敢提出与前辈名人不同的观点。由此造成学术思想的陈陈相因。我历来赞成美国年轻学者敢于挑前辈老师毛病的做法。如果年轻人不提出新观点、新方法，又岂能后代胜过前代，推动学术进展？所以我上课时都鼓励学生提不同意见的，最好我的学生都强过我，这才是我的本事。只要是学术问题上与我不同，我都欢迎。可惜目前我的学生都还太拘谨客气。所以你如果能有新的研究成果，只管发表出来，不必顾虑。这些年我从你那里也得到不少新材料和不太了解的其他年轻人的成果，这更证明学术研究就是要相互切磋交流才能进步，无论老人新人都是如此。

"学术研究就是要相互切磋交流才能进步"，这在王卡先生那里，已是理所当然的事情。也正因我觉得王卡先生是一个可以与之进行"你来我往"学术讨论的学者，我这个后辈小子，才敢于发表和王卡先生不同的观点，甚至有时会对他的成果提出一些改进的意见。

不仅如此，王卡先生还十分大方地把他自己辛苦找到的而又不是自己擅长研究领域的资料，毫无保留地提供给其他更合适研究的学者。2013年8月是中国敦煌吐鲁番学会成立三十周年纪念，为此在首都师大召开了一次大型的国际敦煌学会议。那年的5月12日，王卡先生发来电邮说：

> 发给你几个文件。
>
> 去年去日本颇有收获，回来后准备写几篇敦煌学的文章，趁今年年会发表。一是《抱朴子》论文，已经改了几年，因未找到文求堂影本，总难定稿。去年在东京国会图书馆终于查到，这回可以发了。其二是《雌一经》写本校释，等《敦煌秘笈》图版几年了。……其他杏雨的道经，我都做完了叙录，可惜有人已抢先了。其三是关于道教类书我想写一篇，主要是发现了《无上秘要》和《道要》的几个新残片。叙录已完成，录文也完了，正式论文稍后发出，先将素材给你看看。如果一次会议发太多文章，是否犯忌讳？你帮忙斟酌吧。我原先那本目录现在要改的太多了，小修小补不成了，我准备搞个修订版。从去年动手，老完不了，主要老有新卷子、新成果出现，还有就是图录的释文太耗时费事了。慢慢来吧。

王卡先生2012年在日本访学时，调查到几个敦煌道经的原卷，一下子把好几个积压了多年的问题都解决了，一连写出了几篇文章。他甚至问我可不可以在这一次敦煌学国际会议上，让他一次性地发表不止一篇新作。可见，当他在学术上有了新的进展时，是多么的激动和兴奋！这种激动和兴奋，只有真正的学者才会体验到。在他们眼中，没有什么事情比自己在学术上获得新知更令人感到欣喜了。要是有人能够倾听或分享自己的学术心得，简直就要欣喜若狂了！"原先那本目录"是指王卡先生2004年出版的《敦煌道教文献研究——综述·目录·索引》。从2012年开始，王卡先生正式着手修订，可惜在他去世时也没有完成。据说这项任务已经分给他的学生来做，祝他们能够圆满完成王卡先生的遗愿！

5月13日，王卡先生又在电邮中说：

> 我在文求堂《抱朴子》残卷的背面，看到有一篇唐中和五年正月沙州学生抄写的《论语》郑氏注卷四《述而篇》的写本，首尾完整，有14页，约130行经注文。此件好像与书道博物馆的《论语》郑注写本有关。粗查已有的相关论著，似乎尚未提到这一件。大概过去大家关注的都是文求堂影版正面的《抱朴子》写本，忽略了背面书写的内容。除《论语》外，还有河西都僧统赠予他人的诗文十多条，也是首尾完整有题记的。因为这不是我研究的范围，不敢贸然发论。不知有哪位专家感兴趣，可以转给他们研究。资源共享嘛。

我回复说：

> 如果是《论语》郑注的话，还是王素先生最有权威性。

于是5月21日，王卡先生发来了这件《论语》写本的图版，并在信中说：

> 文求堂《抱朴子》小册子共41双页面，其中《论语》在30～37面，前后都有中和五年学士郎的题记。还有一行题："河西都僧统京城内外临坛供奉大德兼都僧录阐扬法师赐紫沙门某"，挺奇怪。书道博物馆的《论语》是否原先也是写在《抱朴子》背面？该件据日本一目录著录，也是1921年前后，许际唐售给中村不折。可以研究研究。王素先生的联络号我没有，先发给你转去即可。先写到此。

王卡先生在日本发现的《论语》注的资料，竟然就这样毫无保留地发给我，让我转交给王素先生做研究。王素先生看了，说："这不是《论语》郑氏注，而是《论语集解》。尽管如此，由于以前未见有人留意此件，还是有较高校勘价值的。"可见，王卡先生是真正秉持并做到了"资源共享"的学术理念。毫无疑问，王卡先生之所以成为我眼中的近30年来国内研究道教第一人，除了他自身的勤勉外，也因他深明学术进步的要义，贵在推陈出新，后人理应且一定会超越前人。这样想清楚了自己在学术史上的位置，也就不会故步自封，持一种平和、开放的心态来与学界同行做到优势互补和资源共享。王卡先生这样对待别人，别人也会这样对他。至少就我所知王卡先生与敦煌学界诸位先生的学术交流，就是这样一种因"资源共享"而达到"共赢"的效果。

三

不过，老实说，我认为王卡先生对《灵宝经》的看法，一定程度上已经固化在他20世纪80年代写魏晋南北朝时期道教史的阶段。他虽然从治学的原则上，赞同我勇于在前人基础上提出新见解的努力，但有时对我的这些努力，又表现出不太认同的态度。他先后接收过两位博士后，他们两人的研究中，都涉及一些《灵宝经》的具体问题，也都跟我进行过非正式的、友好的讨论。王卡先生在一旁听了、看了我们之间的争论，毫不客气地说："这些都是纠缠不清的问题，你们争来争去也没法得出确切的结论，有什么意义？与其这样，不如更多关注《灵宝经》对整个道教的意义和影响。"我理解王卡先生的意思，他认为目前条件下，是没法彻底解决《灵宝经》的断代定年等问题的；与其谁也说服不了谁，不如绕开这些纠缠不清的问题点，发掘《灵宝经》更多、更重要的意义。但对我来说，越是大家都觉得难以解决的问题，我才越觉得有挑战性，才越有兴趣去尝试解决。虽然我不一定能够超越前人，把这些难题都彻底解决，但只要掌握了科学的研究方法和学术规范，至少还是能提出一些不同于前人的新观点和新思路的。这是王卡先生和我，对于"什么才是有价值和意义的学术问题"的一点不同认识。我觉得，王卡先生对学术问题价值和意义的标准，一定程度上也决定了王卡先生的治学特点。王卡先生有两句关于治学的话，给我留下深刻的印象。

第一句话其实是王卡先生的导师王明先生告诉他的。大意是：一位学者这一辈子，如果能踏踏实实地发表十几篇质量过硬的论文，到晚年结成个集子出版传世，就已经很不错了！王明先生自己就差不多是这样的情况。王卡先生转述王明先生这句话时，显然并不是完全地认同老师的话。王卡先生虽然在 61 岁就遽然离世，但他生前所留下的学术著作和成就，已经成为一座巍峨的学术高峰。相信在未来若干年内，都不会再有道教学者能够超出其上。但王明先生的这句话对王卡先生的治学有没有潜移默化的影响呢？我认为是有的。以王卡先生的聪明和勤奋，以他不止一遍通读整部《道藏》所积累的深厚功力，以他上起两汉魏晋、下延明清道教的广阔视野，他的学术成果理应比现在要多得多才对。据说他往往在与同事和学生聊天时，迸发出无数的思想火花。当有人建议他把这些有意思的观点写成文章时，他就会说：这只是我的一些看法，离形成观点、写成文章还差很远呢！这固然体现了王卡先生对自己写文章、发表论著的高标准、严要求，但这样一来，很多有价值的思想和观点，就都只是停留在小范围内的口头表述而已。所谓"厚积薄发"，如果一直停留在"厚积"的阶段，就只能是丰富个人读书的体验而已，却未必能给学术进步带来直接的推动。在我看来，与王卡先生三四十年来积累起那么丰殖的学养相比，他现在留给我们的东西，还是略显少了一些！这实在是中国道教研究的巨大损失！

第二句话应该是出自王卡先生的心得。他说："中国学者过了四十岁，就不用再看外国学者的成果了。"这首先体现出王卡先生的学术自信。这种自信来源于他对《道藏》的几次通读。相信国内外所有的道教学者，也没有一两个人真正能够达到他这样熟悉《道藏》的程度。在王卡先生看来，国外学者在学术观点上已经没有什么能够启发得到他了。他甚至跟我说，某篇被人推崇为国外道教研究的经典性论文，翻译过来一看，觉得也不过如此。那篇文章中讨论的很多问题，在王卡先生看来，都是常识性的论述，同样是没有多大价值和意义的。

但以往要看外国学者的文章，是要看他们用到了哪些文献材料。一旦王卡先生做到在材料占有上对外国学者的碾压式优势，自然就会觉得外国学者的研究基本不足观了。我们可以看到，中国学者在 20 世纪 80 年代撰写的道教史著作，只有在王卡先生执笔的篇章中，充分观照和回应了国外学者的研究。到后来，他写的文章基本上避开了与国外学者的商权和讨论，大都是自己的孤明先发。但这并不意味着他对国外学者的研究不关注和不了解。只是他不愿意把精力浪费在那些在他看来"谁也说服不了谁"的讨论上去。可在我看来，这关涉到一个如何看待学术史或研究史的问题。原则上说，无论前人的成果是否真的推进或解决了问题，无论个人对这样的成果是否真的欣赏或是不屑，在调查学术史或研究史时，都不能有意视而不见。更重要的是，即便一篇文章百分之九十以上的内容不可取，也不能因此就放弃那百分之十的或许可取之处。我这些年来写成文章讨论到的很多论题，不少就是受到国外学者论著的启发，甚至一些重要的观点，就是来自那百分之十可取之处的激发。所以，在"问题意识"的培养上，我更多是从别人的研究中看到问题所在，从而确定自己要讨论的问题范畴。而王卡先生则是立足于大量原始资料的阅读，直接提出自己觉得有价值和有意义的论题来。很多具体的问题，他其实已经有了答案，但他觉得与其把时间和精力浪费在自己已经搞清楚的问题上，不如提出一些从未有人提过的、带有指引意义的新论题来。由此也就不难理解，为何我觉得津津有味的问题，在王卡先生看来，简直是味同嚼蜡，毫无意义。我承认这里有学养深浅和境界高低之分，现阶段的我，只能做到去解决一个个的具体问题。

王卡先生除了有深厚的文献功底，还是道教学界当之无愧的思想家。中国学术既需要王卡先生这样的高屋建瓴、能够做出方向性引领的研究，也需要我这种"斤斤计较"，一个个细节上的小问题去抠、去解决的笨办法。只是，在我2016年完成《灵宝经》的研究后，开始考虑自己的学术转向问题。这一年多来，已经着手其他领域的研究。王卡先生驾鹤西归后，我也将不再是一个追随其学术脚步的"道教历史与文献的研究者"了。

王卡先生的离世，对中国道教研究所造成的无可弥补的损失，随着时间的流逝，将会越发显露无遗。王卡先生离世所造成的中国道教学术研究的巨大空白，恐怕在未来一二十年内都难以得到填补。

尊敬的王卡先生！敬爱的王老师！愿您在天堂依然可以博览天书，指点幽冥！

2017年8月9日匆匆

忆王卡先生

赵建永[*]

　　我初次见到王卡先生，是在 20 年前的首届汤用彤学术讲座上。那是 1997 年，汤一介先生请饶宗颐先生来北大主办的这一讲座，主讲道教经史。我当时担任汤先生的学术助手，协办讲座，正好有幸与王先生同桌听讲问学。当时他风华正茂，向饶先生提出的问题很有水平，给我留下了深刻印象。

　　2016 年，我与王先生三次一起参加道家道教学术会议，他评议拙文，直抒己见，使我获益良多。

　　比如，在 2016 年春天在石家庄召开的道家学术研讨会上，我提交的论文是"汤用彤和汤一介先生与现代新道家"。王先生审阅后，让我注意和哈耶克的思想进行比较，顿然开阔了我研究的思路。后来看了王先生有关哈耶克等西学的比较研究，更感受到他学识的渊博。

　　王卡先生作为汤用彤先生道教研究传人王明先生的得意门生，生前有意致力于融会古今中外优秀传统的"大汤门"学术建设，格局宏大，境界高远。

　　汤老父子相继提出：要编一部我们的中华大藏经，让全世界学者都引用，还要编：道藏和续道藏。

　　2016 年，中华续道藏列入国家"十三五"规划。在续道藏的一次会上，我看见王卡先生感叹道："这一工程最大的遗憾是，道教学界没有出现像汤先生那样学术地位和成就的领军学者。"

---

　　*　赵建永，天津社会科学院研究员。

王先生提出大道教概念，并倡导把儒教、道教以及中国民间宗教乃至受儒教、道教和民间宗教影响而中国化的宗派纳入大道教或中国本土宗教领域。这一论题，对于宗教中国化意义深远。

　　王先生的学术成果和思想，是一座宝藏，非常值得我们继承和发扬。

王卡老师：你的人格魅力永远是我学习的榜样

赵 芃 *

因为 8 月 7 日至 10 日在泰山参加山东省道教骨干培训班并有讲课任务，王卡老师的追思会不能参加，特写上追思论文一篇，请王皓月先生代为发言，感谢！

在四川大学读博士期间，多次拜读王卡老师点校《老子道德经河上公章句》，加之他又是我喜欢读的《太平经合校》编者王明先生的高徒，对王卡老师由衷的敬佩，王卡老师治学之严谨、学术水平之精湛深深吸引着我。与王卡老师正式认识是在 2003 年由四川大学举办的青城山国际道教学术会议上，他当时承担国家社科基金项目敦煌文献研究，他对于这个项目的热爱和对于敦煌文献的研究的着迷程度，深深吸引了我，我向他请教了许多问题，并由此开始了十多年的挚友交往。

一 心目中的偶像，现实中的挚友

王卡老师在我心中地位很高，如他的文章和著作让我很仰慕。但在与王卡老师十多年的接触中，他生活之简朴、待人之亲切、言语之温和，完全与学术上的严谨、苛刻形成了鲜明对照。记得多次在江西、山东、湖北、四川会议上，王老师生活上不拘小节，吃饭穿衣简单又简单的风格，使我逐渐失去了在他面前所具有的拘谨和紧张，他对于我的亲切、和蔼让我感觉与他交往开心、真诚、放得开，能够表达自己内心的所有思想和观点，给他说什么事情他都能认真听，并给予真诚和有效的意见。

---

* 赵芃，齐鲁工业大学教授。

二 学术上的大师，成果上的伯乐

王卡老师在学术上应该称得上大师级学者，但是他从来没有学者的高傲和自负，每次和他谈问题，他不但认真听，而且对于确实有学术价值和文献价值的材料都给予充分的肯定，并积极推荐在有关刊物上发表。我记得有一次王卡老师在四川大学做特聘教授时，我带着一篇我多年考察而成的《云翠山南天观》考察报告给他，他看到我的调查报告以后给予了充分肯定，并说这些都是新发现的材料，证明在山东道教田野调查方面有了新的发现，他让我作进一步修改后发给他推荐发表。后来在王卡老师的推荐下《云翠山南天观初考》终于在《世界宗教研究》2014 年第 1 期发表。

三 科研上的导师，文献上的智者

2009 年我获得立项《山东道教史》国家社科基金项目立项，在项目的进行过程中，遇到了很多困难，也涉及一些重要的思想和观点，以及文献和材料的选用，王卡老师都给了很好的意见，并对于《山东道教史》的架构体系、内容和文献的选择给了多方面的指导。《山东道教史》出版以后，我将书寄给王老师，他对于书的出版表示祝贺，对于书的一些内容给予了肯定，并指出了书中存在的一些问题。在进行《河南道教史》的编写和修改过程中，王卡老师不但给予了很多指导，还把自己多年来研究的有关河南道教的资料和相关文献给我，让我参考。2016 年我申请国家社科基金项目"道教文化传播和'一带一路'战略研究"项目，王老师对于我的项目表达了很浓厚的兴趣，并对申请书的修改提出了很好的意见。项目获批以后在崂山论道、武汉会议上，王卡老师多次向我建议如何完成这个项目，向我提供了一些文献资料，让我非常感动，很受启发，特别是他对于我完成项目的想法和思路给予肯定，让我对于项目完成充满了信心。

四 品格上的坦诚，人格上的大德

我非常荣幸地与王卡老师在一起开过很多会，让我感到幸运的是与那些会议上的奉承、赞扬和肯定相比较，我最为开心的是有时能听到王卡老师那种不畏权威，敢于直言，坚持真理和学术质量的批评之声，特别是对于那些不注重学术规范、不挖掘文献材料的一些文章所给予的一针见血的意见，尽管让人冒汗，但也不得不佩服王卡老师的文献功底和洞察秋毫的火眼金睛。这让我非常开心，也深深为王卡老师的坦诚、君子风度和人格上的正义和光明磊落、大义凛然而深深敬佩。尽管王卡老师在会议上敢于批评，但在现实生活中、学术上他从来没有背后算计别人，他能帮助的都会尽己所能，这种真君子的人格魅力，成为我做人的基本准则。

王卡老师，你走了，一想起这个确实是事实，我心里就深深地刺痛，心在流泪，这个是不能用语言和文字所能表达的。感觉有很多话还想和你说说，有很多问题还想向你请教，对你的思念虽然让我常常泪流满面，但我知道你还是最希望我把项目做好。王卡老师安息吧，我会永远记住您对于我的关心和支持，心里永远有您。

2017 年 8 月 7 日于泰安

回忆王卡先生

戴晓云*

我和王卡老师相识，是 2013 年在首都师范大学举办的敦煌吐鲁番学会主办的敦煌学学术研讨会。我博士论文就是作的水陆画，水陆研究是我多年来一直关注的，这次会议提交的论文是《水陆法会起源和发展再考》，水陆法会在唐宋时期和敦煌文献、敦煌壁画及绢画有很大关联，在考证时需要使用敦煌文献。我的发言结束后，引起了学者们的热烈讨论，王卡老师也发言，给我提了几个问题，记得他嗓门很大，态度很真诚。就这样我们认识了。后来才了解到王卡老师是道教方面的著名学者，对敦煌文献中的道教文献研究着力颇深。

水陆法会是佛教的法事仪轨，起源于梁武帝，在中国历史上有很大的影响，道教是在本土上发展起来的，佛教有水陆法会，道教有黄箓斋，佛教有水陆画，道教有黄箓斋图。这两种宗教法会和图像有很多近似之处，当代学者经常把两者混淆。于是我就形成了一个课题，《佛教水陆斋和道教黄箓斋斋仪比较研究》，由于此，我涉入道教研究。王老师知识博大深厚，又是个兴趣广泛的学者，于是和王卡老师经常讨论这方面的问题，我经常请王老师斧正我的文章。就这样，我和王老师慢慢熟悉起来。

这期间，在王老师带领下，道教室的同道们创办"道教论坛"，几个月举办一场，我经常参与其中，也应邀讲了一场，这样，渐渐和王老师更加熟悉起来，也和道教室的同人们更加了解。"道教论坛"举办了好几年，讲了无数场，道教室的老师们付出了辛勤的劳动，王老师也几乎每场必到，常常有精彩的点评，参与人无不受益。

---

* 戴晓云，国家文物局研究馆员。

　　道教室活动渐渐多起来，各界参与者甚众，王老师的想法更加有针对性，大家集思广益，同心同德。记得在 2016 年 12 月，举办了首届"中国本土宗教论坛"，并拟创立《中国本土宗教》杂志，在会上我发表了水陆法会图和黄箓斋图的区别的报告，马西沙老师点评。马老师认为这是个很难的也是个很重要的题目，很有做的必要。会后王老师也认为我多年从事水陆画和水陆法会的研究工作，在多年的研究中多又接触黄箓图，对道教图像也很熟悉，有条件做很多事情，希望今后做《续道藏》时我可以参与进来，编订其中的图像部分。王老师还说，水陆画是水陆法会的一个重要组成部分，水陆画数量众多，有的十分精美，如果可能，希望能利用我在文物局工作的方便之处，编订一个大致的水陆画的目录，以便研究者们提纲挈领。以此嘉惠学林。这些都是极好的建议，对我的研究有良好的指导作用。

　　会上，林巧薇助理研究员提着一个蛋糕，我才知道那前后几日是王老师生日，因为师母不在，大家就趁会议给王老师过生日。于是分成两桌坐下。王老师治学严谨，读书广泛深入，习惯于在饭桌上边吃边聊，常有惊人之语。记得第一次参加道教论坛，我碰巧坐在王老师身边，请教他一些很重要的问题，王老师都认真回答，对道教的流派如数家珍，每个问题都有极精彩的答复，把一些平淡无奇的问题变成了精彩绝伦的问答。因为此，我常常愿意坐在王老师身边问学，最不济，也愿意和王老师坐在一桌，好随时提问。但考虑到这次是王老师生日，道教室的老师们和王老师应该有更多的话说，我就主动避开了。期间去给王老师敬酒，祝福他生日快乐。正走在入门处，听到王老师的大嗓门："最近我怎么感觉上身热、下身冰凉啊？"我心里咯噔一下，知道是王老师专心学术，很少活动，有血淤的症状，但当时人很多，大家兴高采烈，轮番给王老师敬酒，我一时也不知说什么好。第二天我特意给他发了个短信，希望王老师注意锻炼身体，必要时吃些活血化淤的药来帮助恢复血脉流通。但我没收到回复，后来听说王老师很少看短信。

　　又过了一段时间，听说王老师因病住院，于是和易宏师兄约好，一起去看望王老师。原本设想王老师是个病人，没想到王老师一见到我们，他竟像没事人似的，大着嗓门和我们打招呼，请我们坐下来喝茶聊天吃水果。聊天的主题自然是聊学术，我又是个喜欢问问题的人，这样聊，一下子就是两三个小时，几乎刹不住车，易宏老师也是边问边答，大家十分尽兴。一转眼日暮西山，我和易宏师兄告辞出门。易师兄和我都叮嘱王老师去社科院上班就打车，别再挤地铁，地铁人太多。王老师一一答应，我们放心出门。

6月24日，是王老师生前参加的最后一期道教论坛，这期是彭连道长和张雪松副教授的主讲。在会上，王老师和往常一样，又有精彩点评。因张雪松的主题涉及道教字派的问题，我的研究中正好也涉及此家谱中的宗谱，于是在讲座的空隙，又向王老师提问，王老师从左昭右穆说起，一直讲到祠堂是家族法院，兴致盎然。以至于下半场开始，我们的讨论还没有结束。

因缘际会，我参与到道教室的学术活动中来，因学术会议而结识王老师。虽然我不是王老师的学生，但他并不把我当外人看，任何时候，他都知无不言、言无不尽，恨不能把自己所知倾囊传授。和王老师在一起，丝毫不感觉不自在，反而会激发很多灵感，能自由自在地深入探讨很多问题。有时候聊得开心，王老师会说我可以当他的私塾弟子，按民间的礼节来行拜师礼。2015年，我评上研究馆员，王老师与我聊天得知后很高兴，说这是学术的起点，是学术的高级阶段，鼓励我更加深入开展研究工作。

在短短的几年交往中，我感觉到王老师是个品德高尚、为人耿直、热爱学术研究、平易近人的学者。特别是他对后学的态度，更是他可贵人格的体现。

和王卡老师的交往就这么几年，集中起来就是这么几个片段。原本觉得时间还早，还有很多时间向王老师请教，没想到天不假年，王老师竟英年早逝，留下世人对他无尽的思念和缅怀。我知道王老师的未竟事业，会由他的同事和学生们继承下去，道教论坛和《本土宗教研究》也会开奇花、结硕果。

道学翘楚，士人风骨

——怀念王卡先生

赵法生[*]

　　2017 年 7 月 16 日，国际道教权威学者王卡先生在西藏林芝突然辞世，享年 61 岁。一位如此生机勃勃的良师益友，就这样永远离开了我们，令人无法接受，然而又不得不接受。

　　王卡老师是那种真正视学问为生命的学者。在世界宗教所，儒教研究室和道教研究室恰好隔壁，每到周二返所，总能听见他在隔壁高谈学问的声音。那是一种与众不同的声音，高亢而洪亮，散发着一位学者对于学问的执着与深情，当然，还有自信。如果这时你碰巧在场，便会亲眼看见他侃侃而谈时双目炯炯有神的样子，他分明在看着你，却像是已经神游八极了。

　　我第一次听见王卡先生的学术发言，大概是在 2008 年底，世界宗教所举办的青年论坛上，他担任一场发言的评议，给我印象深刻的是，像他这样一位知名的学者，却对于每位博士或者博士后的习作，一一认真点评，毫不马虎，发言往往高屋建瓴，点中要害。所以，经他评论的年轻人，大多有一种战战兢兢的感受，但又随即能感受到他的拳拳关爱提携之心。每年一度的青年论坛，他从不缺席，有一次是从外地赶回来参加，不管是在发言席上还是在餐桌上，他都是最活跃的老师，而且所谈皆为学问之道与天下大事。

　　王卡老师视野开阔，他身为道教权威，却十分关心儒学。关于儒学是否是宗教，学界存在争论，作为一位对于传统宗教有深入研究的学者，

---

　　[*]　赵法生，中国社会科学院世界宗教研究所儒教研究室主任。

他赞同儒教说，认为儒学也是教。关于历史上的儒教，他曾经屡次与我谈到乾隆年间的一次宗教论争，主要涉及政教关系，说那时的儒家士大夫不但不否认儒家是教，并且自认为是圣教，且不屑于与佛道及民间宗教为伍，如何不是教呢？作为"文革"一代的过来人，他对于十年浩劫对于传统文化的摧残感同身受，对于优秀传统文化的重振极为重视，并对乡村儒学试验极为支持，还专门携道教室同人，到尼山圣源书院举行了一次会讲。他多次建议，儒家复兴要向民间宗教学习，借佛道两家的东西，走开放创新之路。2016 年，王卡老师还组织了一次本土宗教研讨会，可惜我另有安排，未能聆听高论。

王卡先生重视传统，但绝不故步自封。前几年，在广明兄举办的一次宗教哲学论坛上，他提交了一篇关于哈耶克自发秩序与道家自由观比较的长篇论文，令人颇感意外，其实，真正了解他的思想与关怀的人，当在意料之中。

王老师是个酷爱自由的人。他十四岁从军，因为受不了军营的约束而退伍。他十分喜欢社科院的环境，因为这里平常不坐班，有足够的时间读书和思考。王老师告诉夫人："有自由的时间，才有自由的思想"，他多次感叹说："这么一个穷地方，究竟有什么好处呢？我却三番五次舍不得离开，因为这里有自由的时间啊！"或许是受道家思想的影响，王卡老师不拘小节，体任自然，常常衣着随便地来到高层学术论坛，直抒胸臆，往往语惊四座。他指斥时弊，痛快淋漓，令人时时感到这位道教文献权威学者那颗感时忧世的火热心肠。

王老师青年时代就立下了学问报国的志向，并为此奉献一生。他博士毕业的时候，导师王明先生建议他做道教文献，并预先告诉他，这是个苦差事，没有十年工夫，不会出来真正的成果，问他可愿意？他慨然应允，结果一做就是三十多年。为了校订《道藏》中的错误，他曾将全部《道藏》通读过三遍，一直读要到作呕，他告诉妻子："我这才知道古人何以要造出呕心沥血这个词来。"长期苦读研究，他养成黑白颠倒的生活习惯，时常熬个通宵，然而，刚刚吃罢早饭，有时碰巧又有学生前来问学，他随即精神大振，与学生一谈就是几个小时。用他爱人的话说，像是打了鸡血一样，夫人说："你对我也没有过这样的热情啊！"近来三个学生去医院看他，师生几人竟然在病房开起了学术会议，直到天黑才离去。

近年来，王卡先生时间意识特别紧迫，手头已有好几本书的计划，还积极准备编续道藏，他对夫人说："等这几件事情做完了，我就可以死了。"然而，老天爷终究没有等他完成自己的计划，就提前将他召走了。或许是老天看他太累了。生前的王卡老师，他走到哪里，哪里立即就会变成一场学术盛会，不管那是客厅、餐桌还是医院。此刻，那特有的高亮的音响，大概正在天上响起。

忆王卡先生

陈进国[*]

　　各位前辈和老师，我因学术出差，无法出席王卡先生的追思会，深表遗憾。在此委托志鸿兄代谈两点后学的看法，以表达对王卡先生的深深追思。第一点是，王卡先生是真人。王先生是一个心无城府的资深学人，无论对与错，他都能真诚地说出自己的喜恶，对于立志于道学的学人而言，这点难能可贵。宋代著名道人白玉蟾的"道情"，笑言"常笑人间笑哈哈，争名夺利你为啥"。红楼梦的"好了歌"，更道尽世人空忙于名利场的可悲与可怜、可笑。所以，大家在学术立场上可以有各种争论，哪怕是有学术间的误会都没关系，不过如白驹过隙而已，为学问为真人更是第一要义。我的恩师马西沙先生在一篇文章中说过："中国传统讲'立德、立功、立言'，在余看来，学问之事非个人之事，但亦非一等事。立德之人乃天地之间一等事、一等人。"我特别认同，故在主编的一个随笔集中作为扉页。所以，惊闻王先生道归仙山，我写了一副挽联："书生意气即真人，遑问他一世清名，读史得见；侠骨柔肠乃翰墨，哪堪汝半途福寿，廓心忘言。——同人陈进国敬挽。"虽不能至离天最近的地方道别，谨借此表达哀思。第二点是王卡先生是善于学术反思和创新的当代学人。大家往往会有社会刻板印象，以为王先生最大的贡献是主要精于文献整理和考证。其实王先生近年来一直在反思中国道教研究和宗教学研究往何处去的大问题。他在当代宗教研究室主办的北京宗教研究论坛上呼吁，国家要投大力支持中华续道藏的编撰工作。这是因为王先生清醒意识到，中国道教研究基础尚未完全建立，需要一个相对完整的资料

---

　　*　陈进国，中国社会科学院世界宗教研究所当代宗教研究室主任。

库，才有助于道教诠释学和宗教学更快更好地发展。所以近年来他对大道教、本土宗教、天道信仰、虚神信仰等范畴的反思，都振聋发聩，有自己的独到的见识和史识。我最近读王先生发在广明兄的《宗教与哲学》上的文章，才知王先生对西学特别是自由主义的传统与中国道家道教之真精神也有很独具魅力的理解。假以时日，以王先生的学养深厚，一定会有更多的精辟的论述。但人生无常，如梦幻泡影，一切不能假设。所以，中华难生，人身难得，活在当下。大家一定要快乐、开心。

追思王卡老师

李　林*

　　我是伊斯兰教室李林。我代表伊斯兰教室全体成员，包括已经退休的老先生以及在职的几位中青年，对王卡老师的逝世，表示深切悼念！向王卡老师的家属——包括师母和王卡老师的公子王淼，表示诚挚慰问！

　　追思王卡老师，我想谈三点。

　　第一点，这次追思会的副标题是王卡老师的学术思想，我想先谈这点。大家都知道，王卡老师是以文献功夫见长的，他的文章和著作大多集中在这方面。巧薇是王卡老师的亲传弟子。有一次和巧薇在闲聊的时候，不知巧薇还记不记得，巧薇说：王老师跟我们说了，你们不要急着写东西，先不要急着出书，用五年、十年工夫，把文献掌握扎实了。我当时就问巧薇说，那将来你们评职称怎么办啊？那不就吃亏了？但现在理解了，从王卡老师的经历来看，他说这话，其实就是他自己走过的路，把他的切身经验，教给学生。这种治学方式，其实是捷径。至于评职称，实际上是现在的学术评价体制的问题。

　　更重要的一点是什么呢？前两天跟汪桂平老师私下交流的时候，也谈到了。我感觉到，王卡老师在 60 岁前后，也就是近些年，已经发生了一个跨越，他的学问正在经历一个蜕变的过程。是什么呢？他前期主要是掌握文献，下了很大的功夫，文献很精熟。到五六十岁以后，不光是文献扎实，不是死学问，他脑子其实很活，知识面很广，有很好的问题意识。今天听师母讲了王卡老师大学时代的经历，终于明白了，原来他年轻的时候就那样子。我感到近两年王卡老师其实在变，在蜕变。从单

---

*　李林，中国社会科学院世界宗教研究所伊斯兰教研究室主任。

纯的文献，开始往思想的角度去转化。比较典型的例子，2016 年在内蒙古大厦开的中国宗教学会上，我亲耳聆听了王卡老师的发言。当时他是匆匆赶来的，他的发言题目是"中国的虚神信仰"，这篇文章后来发表在《世界宗教研究》上。我个人认为，这篇文章很有创见。虽然我是搞伊斯兰教的，伊斯兰教是典型的一神信仰，但王卡老师讲的这个"虚神信仰"，对我很有启发。上午孙波老师那个说法很对。孙波老师很敏锐，他是研究大家的大家，是研究徐梵澄先生的，他就敏锐地捕捉到这个变化了。王卡老师其实正在蜕变，一旦变化成功的话，他的整个学问就会从单纯的文献研究，上升到综合性的、汇通性的思想境界，这可以说是学术上的大事。从这个意义上讲，如果假天以年，再给王卡老师十年、二十年的时间，那么结果绝对不一样。不仅仅是他个人，而且对宗教所、对中国的宗教学术研究，甚至对我们这个国家、对中华民族的精神境界来讲，都会有不一般的贡献。所以，从这个意义上讲，王卡老师的突然离世，不光是宗教所的损失，在某种意义上，也是国家的损失。你想想看，王老师如果照这个路线发展下去的话，会有一种大师的气象出来，会有融会贯通的气象。这就不光对他的具体的道教研究了，而是对整个宗教研究或者民族精神，都可能产生独到的见解和影响。这是第一点。

第二点，王卡老师对世界宗教研究所、对中国的宗教学研究以及对中国的宗教界，都有深厚的感情。因为王卡老师是世界宗教所里最早培养的研究生之一。实际上，他和卓所，还有我们伊斯兰教室的老主任周燮藩老师，都是同学。周燮藩老师早上其实是来了的，中午在研究室里，私底下我就问他，您来了为什么不去说两句呢？他说：唉呀，想法太多了，点点滴滴，千头万绪，一时理不出头绪来。王卡老师的学术成长基本上在我们所里。今天早上，除了有几位室主任因为在四川调研无法参会以外，其他研究室的室主任和同事也过来了。在室主任里面，王卡老师说话是有分量的、权威的。特别是在一些重大关头，他一声断喝，往往提醒了大家。举一个例子，2016 年还是 2015 年，就在这个会议室开全所大会。当时讲到近期宗教学界对宗教学发展方向出现一些讨论，有一些最新情况。全所的同事都在，老少都有。当谈到，世界宗教所究竟以研究宗教为主，还是要以批判神学为主的时候，有年轻人不知道其中利害，也是无心的，就在下面说了句玩笑话。说实话，我当时也是糊里糊涂，也跟着乐，觉得挺好玩。但是，王卡老师当时就发话了。他说：当年毛主席给我们批示成立宗教所，究竟是研究宗教还是批判神学，这不仅关系到宗教所未来的走向，也关系到中国宗教学、宗教研究的未来走向，究竟朝哪个方向走。这一下，我当时印象很深，受到了震动。刚开始还乐乐呵呵、懵懵懂懂的，王卡老师一句话，如同洪钟大吕，让我们明白了，这是非常严肃的、大是大非的问题。让大家警醒，对这个问题有了一个比较清晰的认识。

再就是，他对中国的宗教界也非常关心。再举一个例子，大家早上也讲到了，所里不少年轻人都喜欢围着王卡老师，和他一起聊天、吃饭。有一次在社科院门口，大家围着王卡老师聊天。那段时间有一位道教界的人士，受到了社会上的集中批判，他本身的行为恐怕是有些问题。王卡老师跟这个当事人未必熟识。但事件发酵之后，出现的一些舆论不仅批判这件事，而且上升到对道教界、对整个传统文化的批判。研究传统文化的一些老先生也受到波及，网络上流传着谣言。当时的情形，还历历在目。王卡老师非常气愤，大骂说这是对我们传统文化的污蔑，绝对不能接受。可见，他不光对宗教所和宗教学术界，而且对宗教界、对中国传统文化都有深厚感情，全力维护。在关键时候能够做狮子吼，能够站出来说话。这就是大家评价王卡老师时，说到的"敢言、直言"。

第三点，从伊斯兰室的角度，从我个人的角度，对王卡老师都有比较亲近的感情。因为我们这个所里目前有老、中、青三代人，对老师辈、老先生，更熟悉亲近一些。王卡老师，我们看他就跟看自己的师叔一样。这个传承，不是汤门那个传承角度，而是从世界宗教研究所的这个传承角度。我们的老室主任，跟王卡老师当年都是同学。还有一层亲近感呢，是王卡老师的公子王森。因为王森当年是在北大阿拉伯语系学阿拉伯语的，所以我们老室主任周燮藩老师当年有个想法，曾经跟王卡老师说过——你儿子是学阿拉伯语的，把他弄过来以后搞伊斯兰教。虽然王森后来没有研究伊斯兰教，另有高就，但是因为这重关系，对王卡老师的家人总是感觉很亲切。跟王老师碰到一起，有时就问问他王森的情况。今天看到不少年轻人。王老师不仅提携自己的弟子、提携道教研究的弟子，而且对我们这些宗教所其他学科的晚辈都一直照顾有加。包括我本人，我们研究室，还有我们身边的一些人，都曾受到王卡老师无私的提携。

王老师的性格，敢言、直言。他是那种有赤子之心、非常潇洒的性格。在各界人士为王卡老师写的挽联里面，有一副挽联是王皓月写的，内容记不确切了，说王卡老师是"三洞第一拾遗人，学界无双逍遥仙"。我觉得这个"逍遥仙"特别符合他的形象，现在脑子里都能浮现出王卡老师的样子来。去世前这段时间，平时他到所里来，总穿一个大短裤，脚上穿一双凉鞋，上身是短袖衬衣，里面加个背心，扣子往往也不扣。而且手里是不拎皮包的，他绝对不拎公文包，拎的是一个布袋，我曾留意看过一眼，好像是台湾那个会议发的。衣袂飘飘，非常潇洒。

上午看到师母那么悲痛的样子，觉得于心不忍。想请汪姐和道教室的同人，把这个想法带给她。因为师母中午回去了，没机会当面讲。王老师是一个很洒脱的人，如果在他的话，不愿意看到别人为了他而这么难过。这么悲痛不能自拔，是王老师绝对不愿意看到的。

我甚至有这么一个侥幸的心理，总觉得王卡老师根本没有离我们远去，觉得好像随时还能在楼道里看见他，穿着大短裤，短袖上衣，又来了，就是这么一个感觉。我们经常说一个人永远活在大家的心中，从这个意义上讲，王卡老师永远活在我们的心中。

真性情，真学者

——怀念王卡老师

姜守诚 *

首先，我代表哲学所中国哲学研究室的几位同人，向王老师的突然逝世表示深切的哀悼！

我最早是从皓月那里得知王卡老师去世的消息，很惊讶，一时难以接受这是真的。直到现在，我仍觉得王老师还活着，他的音容笑貌时时闪现在我的眼前。

接下来，我想谈谈这十多年来我和王老师交往的一些事情。我长话短说，尽量不占用大家太多时间。

回想起来，我跟王卡老师认识，并开始频繁接触，是始于 2002 年 9 月，一晃十五年过去了。当时，我来社科院读博士，找到机会去拜见王卡老师。之前，我久已耳闻王卡老师的大名，但无缘谋面。当时王卡老师还是副研究员，还没有指导研究生。我印象当中，他当时四十五六岁吧，住在离望京研究生院比较近的霞光里小区，我骑自行车用不了半小时就能到他那儿。王卡老师习惯挑灯夜战，每天上午睡觉，中午起床，一直工作到次日凌晨。所以，我经常下午去拜访他，一谈就到傍晚。他坐在客厅和我聊天，谈论学问。他很健谈，好喝浓茶、好抽烟，这两个习惯，他始终保留着。聊天时，他不停地吸烟和喝茶。令我印象很深的是，当时他家是在一层，楼前有一道很高的砖头墙，将他家的卧室、客厅的光线挡个严严实实。下午三四点钟时，室内的光线就很暗了，面对面都看不清，但他不开灯，就这么黑乎乎地坐着聊天。这也养成王老师

---

* 姜守诚，中国社会科学院哲学研究所研究员。

的一个习惯，看书的时候，他不喜欢光线充足的地方。后来他搬到管庄的那个新家，住在十五层，阳光很充足，但他却要把书房的窗帘拉得严严实实的，非要在光线幽暗的环境下工作。我估计王卡老师这个习惯的养成，可能跟他最初的居住环境采光不好有关。

我博士论文定的题目是关于《太平经》的研究。王卡老师说这个题目不好做，其实我也觉得不好做，但必须得做。怎么办？那就做文献。他希望我从文献入手对《太平经》展开梳理和讨论。我听取了他的建议，从文献的角度切入。此前，我一直是哲学系出身，擅长玩思想。但受王卡老师的启发和引导，我一点点地走上了道教文献学这条路，并且一直受益到现在。今后，我也希望能够把道教文献的研究继续坚持下去。

写好博士论文，在答辩之前，我先打印出来一本，送到王卡老师家。当时他已经搬到现在所住的管庄新家。我跟他说："论文还没正式定稿，先打一份给您看看，想请您把把关、提提意见。"过了两周，我到他家，听他的反馈意见。他拿着改过的论文，逐页给我讲解看法。论文上的标注虽然不能说是密密麻麻，但每页都有改动。他又说：因为时间关系，只看了前面一半，后面还没来得及看。你带回去，再斟酌改改。我就把论文带回来，认认真真改，将王老师的意见照录上去。从这件事情上，可以看出王老师是非常认真的学者。学位论文答辩时，王卡老师担任评委，对我的论文给予了积极的评价。

2005年7月，我博士毕业后，留在社科院哲学所工作。我跟王卡老师的接触就更多了。在相当一段时间内，每到周二返所，我先在哲学所点个卯，然后就溜到宗教所道教研究室待着，听王卡老师神侃。当时，王卡老师在道教室内谈论的话题非常多，不限于学术问题，有不少是评论时政的，他语言风趣、妙语连珠，经常引得大家哄堂大笑，他更乐此不疲。由于王卡老师的学术地位，不时有从各地专程向他请教问题的人。那些年，我在研究中遇到问题就请教王卡老师，或者别人请教他问题时，我在旁边听，耳濡目染，获益不少。我印象中，这持续了至少有三五年时间。其间，王卡老师有时会给学生开道教文献学的课，每周一次，在他家里上课，我都会跟着去旁听。对于一个博士刚毕业、学术研究刚起步、正在思考如何进行学术转型的青年学者来说，那几年是个关键时期。

正是受到王卡老师的影响，我及时调整了学术研究的方向，尤其重视在文献考据方面下功夫。

后来，我们哲学所的返所日改成周三，不在周二返所了，我来宗教所道教室的次数就减少了，有事才过来。不过，我与王卡老师仍保持着频繁联系，每年的教师节、元旦等几个重要节日，我都会跟王卡老师的学生一起到他家聚会。大家通常在下午两点钟到，围坐在客厅沙发上，听他高谈阔论，一直到五六点钟，到楼下找间饭店吃饭，在饭桌上继续听他神聊。王卡老师每次都神采飞扬、滔滔不绝地讲上几个小时，仍意犹未尽。他是一位保持了真性情的学者，秉持了知识分子的正义和良知。

我刚到社科院时，王卡老师名下还没有学生，后来逐渐增多，现在加起了将近20人。我亲眼见证了道学王门由无到有、到人丁兴旺的整个过程。作为王卡老师的学生，我们有责任、有义务团结起来，携手推动王老师未了的遗愿。

我与王卡老师交往有十五年多了，有很多事情值得回忆，但千头万绪，不知从何讲起。我希望日后有机会写一篇长的回忆文章，详细谈谈。由于时间关系，我就讲这些。

纪念良师王卡先生

汪桂平 *

王卡老师离开我们已经半年了，但我仍然不愿正视这个事实。在《王卡纪念文集》基本编成、行将出版之际，师母说"文集里没有你的文章，还是有点遗憾"。本来我只想默默地尽心做事，不愿意伤心回想，更不愿意触及现有的人和事。但是为了少点遗憾，只得忍痛打开记忆的闸门。往事历历，如在眼前，千头万绪，剪不断理还乱。今择片羽，略表纪念。

一 山高水远，恩师走好

2017 年 7 月 16 日，我应邀参加中国道教协会成立六十周年纪念活动，报到当晚就入住于中国职工之家宾馆。晚上 11 点多，惊然接到赵敏的电话，告诉我说"王老师走了"，我说："什么？走哪儿了？"他说："就是离开我们了，去世了！"我说："怎么可能？别瞎说！"事实上，我也知道这种事情是不会瞎说的，只是我不敢相信！也绝对不愿意相信！放下电话，脑子一片空白，只能喃喃自语：怎么可能呢？怎么可能呢？前几天还看到师母发在朋友圈里的王老师在西藏林芝度假的照片，精神很好啊，怎么可能呢？过了一会儿，李贵海来电说，他和赵敏虽不在林芝，但还在动员一切可能的力量和手段，进行最后的努力，希望明天会有奇迹发生。我的心情仍然无法平静，整整一宿，都在恍恍惚惚，瑟瑟发抖，辗转无眠，五内俱焚，天崩地裂，只是抱着一线希望，祈祷明天出现奇迹。

---

* 汪桂平，中国社会科学院世界宗教研究所道教与民间宗教研究室主任。

第二天一早，忐忑不安地守着电话，可惜得到的还是噩耗。然而我仍然不愿意相信这个事实，自我幻想着没准还能出现转折呢。于是匆忙离开会场，奔向机场。同时，宗教所领导也得到王卡老师在西藏林芝不幸去世的消息，第一时间做出指示要全力办好王老师的丧事，并成立了进藏治丧工作小组，由赵文洪书记亲自带队，科研处副处长苏冠安以及本室李志鸿、林巧薇，编辑部王皓月和我共六人，当天从北京出发，飞往成都。当晚，赵敏、李贵海、申琛也从不同地点赶赴成都会合，因为最快到达林芝的路线就是坐第二天早上从成都起飞的飞机。

在赶往机场的路上，接到澎湃新闻记者的电话采访，希望对王老师的学术成就和未竟事业进行一些介绍。于是连夜做了一些整理，通过微信发过去，这篇新闻第二天就发布在澎湃新闻网上，对王老师的学术成就进行了及时报道。

7月18日一早，我们一行9人从成都飞往林芝，第一时间赶到王老师在林芝的家中，赶到王老师停灵的人民医院，看到物是人非，惨然伤绝。记得2013年王卡老师曾带领道教室同事来林芝和拉萨调研，那如画似幻的美景曾让我们陶醉忘归。今日再来，却视美景如险境，感叹这么美丽的地方怎么会暗藏杀机呢，桃源仙境瞬间变成了伤心之地。

由于林芝没有殡仪馆，大家商议后决定到拉萨送别王老师。出于安全的考虑，当天赵敏、李志鸿陪同王老师的遗体先行前往拉萨，并办理相关手续。其他人则在林芝休整一晚，明天一早再出发。

7月19日，由于遭遇堵车、冰雹等意外情况，我们一行13人（包括王老师的家属、亲戚）所坐的中巴车经过十多个小时的长途颠簸，终于在晚上十点抵达拉萨。当天，又有王老师的学生易宏、陈文龙、胡百涛、张方、张鹏等人从全国各地飞抵拉萨。

7月20日上午，王卡先生的遗体告别仪式在拉萨西山殡仪馆举行，世界宗教研究所赵文洪书记，科研处副处长苏冠安，道教研究室的汪桂平、李志鸿、林巧薇、赵敏、王皓月、李贵海，以及西藏社科院的代表和各地赶来的王卡老师的学生、家属等20余人参加了告别仪式。

我们就这样痛彻心扉地送别了王卡老师。在世界最高的地方，在离天最近的地方，王老师驾着白云远去了。从此，我们痛失了一位良师益友，道教室痛失了一位学术带头人和擎天支柱，而留给我们的却是无尽的回忆与思念。

山高水远，恩师一路走好！

王老师的一生都奉献给了道教学术事业，直到生命的最后一两天，他还在熬夜工作，修改论著，以致引发了高原反应，引起肺气肿和脑水肿，最终抢救无效，撒手人寰。因为事发突然，大家毫无心理准备，当王卡老师不幸离世的消息传出时，举世震惊，学界同人和亲朋好友无不悲伤痛惜，纷纷来函来电，或通过微信微博，表达对王老师的深切哀悼。从 7 月 17 日到 20 日的短短几天时间里，虽然我们一路奔波，通信不便，但还是收到了来自中国社科院、陕西社科院、云南社科院、上海社科院、西藏社科院、北京大学、中国人民大学、北京师范大学、中国政法大学、中央民族大学、四川大学、华中师范大学、浙江大学、华侨大学、中南大学、西南大学、辽宁大学、湖北汽车工业学院、周口师范学院、中华书局、中国宗教学会、中国道教协会、中国敦煌吐鲁番学会、湖北省武当文化研究会、陕西闻道学社、丹道与养生文化研究会、台湾中华宗教哲学研究社等科研院校、社会团体等 40 余家单位发来的唁函；同时我们接到国内外学界同人、先生的亲朋好友以电话、短信、微信等各种方式发来的悼唁信息达数百条之多，强烈表达了对王老师的沉痛哀悼之情！更有不少朋友想方设法转来哀悼短信、转来挽联、转来敬送花圈的愿望等，如美国的柏夷教授就通过王宗昱教授、程乐松教授转来他的强烈悲痛之情，并提出一定要自己出钱送个花圈！另外熊铁基先生、陈耀庭先生、刘仲宇先生，以及香港的黎志添教授、台湾的林安梧教授，等等，都是通过各种途径转达了他们的哀悼之意。我们在王老师追悼会上也都做到了代为大家鞠躬告别，敬送了花圈。在这里，我们道教研究室再次向所有关心哀悼王老师的单位和个人表示最诚挚的感谢！

由于交通、地理和时间的限制，当时很多朋友想到西藏参加王卡老师的告别仪式而不能成行，转而询问是否在北京还会举办一场相关的追思活动。因此，在时任宗教所卓新平所长、赵文洪书记、郑筱筠副所长的大力支持下，在宗教所各位同人的鼎力相助下，为了缅怀、纪念王卡老师在道教学术研究上的卓越贡献，世界宗教研究所于 8 月 8 日举办了

"王卡先生追思会暨王卡先生学术思想座谈会"。出席追思会的来宾除了宗教所的领导、同事，还有在京各大院校及科研机构的学界同人、宗教界的代表、王老师的学生等，更有不少不远千里，从外地赶过来的各界朋友，如四川大学宗教所的盖建民所长和朱展炎教授、天津社科院的赵建永研究员、长安大学的刘康乐教授、陕西师范大学的赵建勇博士、温州基督教会的郑利华长老、江西婺源至真观的熊海明道长、台湾中华宗教哲学研究社的李显光先生等百余人参加了本次会议。追思会开了一天，大家纷纷发言，尽情表达了对王老师的缅怀追思之情，高度评价了王老师勤奋严谨的治学精神、学术报国的道德情怀、传之不朽的学术成就。

王老师正当英年，积累深厚，思想醇熟，假以时日，必能成就更加精彩的鸿篇巨章，必将发挥更加明亮的思想光芒。然而天妒英才，王老师竟然不到 61 岁，生命就戛然而止！留给世间巨大的遗憾和哀叹！但是王老师已经成就的学术成果，必是留给后世的宝贵财富，必是指引后学的永久明灯。

二 良师引领，终生感怀

1993 年，我从北大历史系毕业，业师吴宗国先生推荐我到社科院历史所找宋家钰先生，当时宋先生正在做英藏敦煌文献的整理，需要招一个助手，然而历史所当年没有进人指标，此事落空。彷徨无着之际，借由毕业论文写的是《唐玄宗与茅山道》等机缘，我得以进入世界宗教研究所道教与民间宗教研究室工作。当时道教室室主任马西沙先生正在德国访学，所以我到道教室报到的时候，首先见到的就是王卡、卢国龙等老师。从此，我与王老师同室工作，一晃就是二十多年。

然而，由于不是宗教学专业出身，我的专业基础很薄弱，需要补课的内容太多，做学问的信心非常不足。加上 20 世纪 90 年代正处于各界下海热潮，人心浮躁，真正能够安心做学问的人很少，我也不例外。所以在宗教所最初的几年，我基本没有做出什么专业研究成果，而是把主要精力参与到北京大学刘俊文教授主持的《四库全书存目丛书》的编纂工作上。1997 年，《四库全书存目丛书》编成出版，我也生完孩子，开始想着应该做点专业研究了。

此时，王卡老师正在主持《中华道藏》的编校，就分给我几篇"上清经"的点校工作，我知道我当时点校得并不好，但是王老师却给予我充分的肯定，认为我的基础还不错，是可以培养的对象。王老师非常认真地一字一句帮我修订，引领我逐渐走进学术之门。从此，我与王老师结下了深厚的师生情谊。

而我与王老师的合作，则开始于《三洞拾遗》的编纂。1999年，宗教所的周燮藩老师主持编纂大型文献整理项目"中国宗教历史文献集成"，意欲汇辑各大宗教的文献资料，其中道教的部分请王卡老师当主编。周先生毕业于北大历史系，与我的导师刘俊文先生是同窗好友，因此也是我的师伯。周先生有意提携我，就建议王老师吸纳我参与该项目的编纂，王老师亦有此意。于是我与王卡老师合作的第一个项目《三洞拾遗》就这样开始了。说是合作，其实当时我的道教文献基础很差，只能算是给王老师当助手。王老师主要负责选定版本，断定年代，提出分类和目录设想，我的工作主要是复印资料和编写目录。记得当时我们每周二返所，主要工作就是到宗教所图书馆找资料，讨论取舍，然后送去北大，影印制作，这样持续了大概一年的时间。通过这个项目，我对道教文献尤其是藏外文献，有了一定的兴趣和知识积累。此书出版时，王老师让我并列主编，至今想来都让人感动不已。

与王老师的合作是愉快的，因为我们有一些共同的特点，就是认真做事，老实做人，从不计较个人得失，还有就是做事专注，以苦为乐。所以王老师觉得我是一个好助手，这也奠定了我们后续合作的基础。

此后，我与王老师又有多次合作，出版了多本合作的成果，如《中华大典·宗教典·道教分典》《齐云山志（附二种）》《洞经乐仪与神马图像》等。其中有些项目还有其他学者一起参与，不过大家的合作都很愉快，也很成功。通过合作，我们从王老师那儿不仅学到了知识，还学到了做学问的方法，以及做人的原则。王老师是一个真正视学术为生命的学者，更是一个愿意传承学术、提携后学的长者，他从来不掖着藏着，他的学术成果总是首先拿来与学生们分享，他的文章常常在发表之前，就已经在学生们之间流传了。

王老师没有门户之见，没有私心杂念，光明坦荡，率性耿直，只要是请教学术问题，他从来都是知无不言，言无不尽。我虽不是他招收的正式学生，但他从无偏见，总是当成自己的学生一样看待。20年来，如果说我能够摸到一点学术研究的门槛，能够在道教研究领域有一点点成就的话，都是与王卡老师的悉心指导、无私传授分不开的。

王卡老师自1978年投师王明先生，开始研究道教，后来又进入宗教所道教室工作，从事道教研究整整40年。直到生命的最后时日，他还在修改论著，还在规划于林芝建立道教研究基地，可以说王老师一辈子都献给了道教研究室，一辈子都献给了道教学术研究事业。作为道教室的早期元老，王老师对本室怀有特别深厚的感情，他对本室的两个学科（即道教与民间宗教）的学科建设、发展方向进行过深度思考和长远规划，并根据研究室各位成员的学术背景，进行建议或指点相应的课题计划、研究方向等，使得道教与民间宗教学科的整体布局、人员结构都比较合理，研究规划也具有前瞻性和可持续性。

2014年，社科院实行人事改革，王卡老师担任室主任十年任期届满，按规定必须选择一位年轻人接任。万万没有想到，这个重任竟然落在了我的肩上！面对如此千斤重担，我自觉肩膀太弱，难以承担，一时不敢接受。王老师激励我说：你作为研究所、研究室的"老人"，有义务有责任把这个担子接下来。王老师还说"不用担心，我还有几年退休，至少可以辅佐你五年"。在王老师的鼓励和承诺下，我战战兢兢接下了这个重任，小心翼翼守护着前辈们开创的基业，唯恐辜负王老师等前贤们的重托。

我知道，接下了这个重任，从此我就会被推在风口浪尖之上，将会遇到不可意想的风浪。同时我也暗下决心，既然答应接手，那么无论多大的风浪也要敢于承受，因为我一直相信，身正不怕影子斜，风雨过后是彩虹。不过在王老师的承诺和保护下，这几年我并没有感受到风浪的重击。

然而，天不假年，王老师竟然这么快就撒手而去，留下不知所措的我们！半年来，世事纷扰，人间沧桑，我只能仰天长叹：王老师，您到底去了哪里？您这次怎么能不守承诺呢？研究室的工作还需要您的支撑，我们还有很多合作的项目没有完成啊！

王老师终究是走了，良师不再有！余生长缅怀！

三　不忘初心，砥砺前行

王卡老师英年早逝，又走得这么匆忙，没有留下只言片语，可我们知道，王老师还有很多未竟的事业没有完成，还有很多心愿没有实现，王老师肯定是不甘心、不瞑目的！

半年来，我们对王老师没有完成的事业进行了初步的梳理，挑出其中较为急迫的一些项目，着手整理，推动出版，并取得初步成果。这些项目包括以下三个。

1. 《敦煌道教文献合集》

敦煌道教文献是道教学研究领域三大基本文献群之一。目前存世的数万件敦煌遗书中，已知有 800 多件道教经书及相关文献的抄本。自 20 世纪 30 年代以来，对敦煌道教文献的搜集、整理和研究，一直是中国道教文献学及国际汉学界的重点基础课题之一。

王卡先生的敦煌道教文献研究，开始于 20 世纪 80 年代，经过 20 多年的努力，他已经成为敦煌道教文献研究领域的国内外公认的权威专家。2004 年出版的《敦煌道教文献研究——综述·目录·索引》更是代表了此领域的最高成就。该书是一部目录学著作，著录敦煌道教文献 800 多件，不仅在数量上超过日本学者大渊忍尔的《敦煌道经目录》（仅 496 件），而且在文献分类、经名考定、内容提要、缀合校录残片、核查《道藏》文本等方面，也较大渊及其他学者的研究更为完善。该书囊括了英、法、俄、日等世界各地及中国各地收藏的已知道典，是迄今最为完备的敦煌道典目录。该书出版以来，获得国内外专家学者的一致好评，成为道教学、敦煌学等研究的基础必备工具书。

后来王卡先生又在此基础上，继续开展敦煌道教文献整理工作的新课题《敦煌道教文献合集》。该课题以其编撰的目录为线索，分类刊印敦煌道教文献的全部图版，并配发释文、标点和校勘。经过十几年的积累，王老师已经完成了几乎全部的图版采集和大部分道经的录文和点校工作。王老师非常重视这个课题，因为它代表了王老师 30 多年研究敦煌道教文献的学术结晶。我们曾经不止一次听王老师唠叨，说他这辈子最终能留传于世的东西可能只有两项：一项是《老子道德经河上公章句》，另一项就是敦煌道教文献的整理。甚至还说什么时候把《敦煌道教文献合集》出版了，他死也瞑目了。然而，合集尚未完成，王老师却被死神带走。我想老师是难以瞑目的！

为了继承王老师的遗志，也为了使这项位于国际前沿的学术成果不至于中断和消失，道教研究室的同人暨王卡的学生诸人，愿意合力完成这项课题。2017 年 9 月，我们去看望师母，探讨并初步达成了继续这项事业的愿望和构想。此后几月，胡百涛、张鹏、刘志等曾经参与过这个课题的学生们几乎每周二都聚集于道教室，共同商讨编纂方案，制订编纂计划等。到 12 月份，大家已经整理出一份初步的目录，清理出了已有的成果和尚待完成的条目，大家商议可以把已经完成的部分先行出版。于是我们制作了一本样书和一些宣传资料，同时向中国社会科学院创新工程和国家古籍整理出版规划小组申请出版资助。另外，我在参加 12 月 12 日西北道教论坛的同时，应西安闻道学社的邀请，在西安都城隍庙举办了一场学术讲座，在这次讲座上重点推介了敦煌道教文献合集的价值和处境。会后，咸阳中五台道观的贺信萍道长表示了大力支持，并给予了部分经费资助。在此，谨对贺道长的义举表示衷心的感谢！

目前，编纂和出版工作都在稳步推进，希望今年能够出版 1～2 册，以告慰王老师的在天之灵！

2.《道家学术思想概述》

2015 年，王卡老师承接了国务院参事室的一项委托课题，即给位于北京奥林匹克公园中心区的中国国学研究与交流中心的道家馆撰写文本，内容是"道家学术思想概述"。按照协议，本来只需完成 3 万～5 万字的简要文本，可是王卡老师特别认真，他希望把先秦至近现代约两千年的道家思想史全部贯通，同时用通俗易懂的语言进行勾勒，以向世人普及。所以王老师耗费了大量的时间及精力，到 2016 年完成了一部约十万字的文稿，得到专家们的一致好评。应该说，这是王老师在道家思想研究领域的倾力之作，既能把各方面已有的成果融会贯通，又不失自己的判断，是一部兼具学术性与通俗性的著作。其中对于近现代道家思想的研究，尤具学术创新的意义。

然而，由于王老师不怎么查看邮箱，以致结项工作没有及时办理。王老师不幸离世之后，国学中心的陈博涵主任找到我，希望协助办理结项事宜。我根据专家意见修改了个别字句，并让双方财务反复对接，最终完成了结项工作。此后，国学中心认为该成果质量高、价值大，于是纳入了"中国国学通览丛书"的出版规划，交由人民出版社出版，并改书名为《道法自然——道家思想流派与文化精神》。我帮助国学中心与师母联络，以获得授权。同时，我又与出版社对接，帮助校对编辑后的文稿等，各项工作顺利完成。近日，人民出版社来消息说，该书已经在印厂印制，不久即可面世。该书作为王老师近两年在道教思想领域的最新研究成果，必将嘉惠学林，影响深远，可惜他自己却看不到了！

3.《中国本土宗教研究》

《中国本土宗教研究》是王卡老师创办并担任主编的一部学术集刊。

早在 2014 年，王卡老师与道教室的同人曾一起探讨，认为道教等本土宗教的学术研究类刊物太少，相关学者尤其是年轻学者发表文章困难，当时提出设想，即由我们自己筹划编辑一本刊物，以搭建一个学术交流的平台。此后，我们围绕这个设想一直在进行相关的准备和努力。王老师思考良久，最终确定以"中国本土宗教研究"为刊物命名。这也体现了王老师近几年关于中国传统文化尤其是本土宗教的思考，王老师创新性地提出"中国本土宗教"的概念，是想通过对这些以中国传统思想文化为基底而形成的本土宗教的研究，寻求中国宗教发展的特点，回应西方宗教的理论挑战。

2016 年 12 月，我们在北京举办了"首届中国本土宗教研究论坛"，同时王老师主持召开了《中国本土宗教研究》创刊座谈会，会上来自全国各地的专家学者纷纷畅谈高见，一起出谋划策，希望刊物早日出版，给予了我们强大的支持和信心。此后，尽管也遭遇了一些波折，但我们初心不改，最终克服种种困难，落实了出版计划。王老师一直非常关心集刊的进展，虽然身体不好，但还是赶写了创刊前言，记得这个前言是于 2017 年 5 月 2 日发过来的。没过几天，即 5 月 8 日，王老师曾在地铁里晕倒，说明王老师当时的身体状况很差，但还念念不忘集刊的事情。此后经过治疗和调理，王老师的身体状况逐渐康复，打算 7 月 10 日到西藏林芝避暑度假。记得 7 月 4 日我最后一次给王老师打电话，汇报的就是《中国本土宗教研究》的编辑和出版进展，不意这次电话竟成永诀！原本以为王老师度假归来，我们可以继续探讨刊物的后续事宜，然而却再也听不到老师的指导了……

又经过半年的努力，《中国本土宗教研究》第一辑终于在 2018 年 1 月出版发行。当我们拿到这本沉甸甸的精美新刊，心情既沉重又高兴，沉重的是刊物的创始人王卡先生终究没有看到书籍的出版，高兴的是我们终于可以告慰王老师的在天之灵了。王老师泉下有知，想必也是欣慰的吧！

其实王老师未竟的事业还有很多，只待来日慢慢完成。我想唯有不忘初心，牢记使命，沿着先生开创的足迹，砥砺前行，才能不负恩师教诲，才能不负昔日重托。

王老师，请安息吧！

2018 年 2 月 2 日于北京

纪念王老师

李志鸿[*]

　　王老师虽然离开了我们，但老师对我的无私指教，我永远铭记于心！

　　初识王老师是在 2003 年深秋。其时，我们共同参加在福建泉州召开的一次道教国际学术研讨会。会上，王老师发言踊跃，高见迭出，且直抒胸臆，毫不隐晦，给我留下难忘的印象。

　　2004 年 9 月，我进入中国社会科学院研究生院跟随恩师马西沙先生攻读博士学位，马先生交代我要时常请教王老师。2004 年 12 月底，与王老师在其霞光里寓所的一次长谈，成为定下博士论文方向的契机。此后，论文材料的收集，写作思路的拟定，无一不渗透着王老师的教诲。2005 年至 2006 年，我全程参加了王老师《中国道教史》《道教文献学》两门课程的讨论，既弥补了道教历史与文献学的不足，更对论文的顺利撰写大有裨益。论文初稿完成，王老师纠正了文中考证部分的错误，帮我重新梳理了天心正法几个支系的定名问题。此后，进入道教室工作，王老师对我研究课题的设定与规划都给予了精心指导。

　　王老师尝自言："承袭恩师王明先生的传统，在经典文献的整理考订方面用力较多。"王老师曾经数次通读《道藏》，其主编的《中华道藏》可谓嘉惠学林。王先生在敦煌道教文献研究方面更是卓然成家，其著作《敦煌道教文献研究——综述·目录·索引》于 2004 年 10 月由中国社会科学出版社出版，是敦煌道经研究的经典之作。

　　2007 年王老师的论文集——《道教经史论丛》由四川出版集团巴蜀书社出版面世。我在《道家文化研究》第二十三辑中撰写书评一篇，此

---

　　* 　李志鸿，中国社会科学院世界宗教研究所道教与民间宗教研究室副主任。

为我人生中第一篇学术书评。我们通过此书，可以完整地了解王老师的学术贡献。该书汇集王先生从事道教研究 25 年来的论文 35 篇，按照文章的内容分为四个部分：经史篇，敦煌篇，域外篇，现代篇。凡 40 万字。细读该书，我们不难发现，王卡先生不仅深得文献学之要旨，更以文献学为基础对道教的经典、教理教义、历史、法术仪式以及现代化等诸多问题进行了深入的研究。

后学学力不逮，窃以为王老师的学术贡献有以下几点永远值得我们年轻学者学习。

一　考订细密，开拓生荒

长期以来，《道藏》及藏外经书、敦煌抄本和碑文资料是学者从事道教研究的主要取证对象。中古、近古时段（汉魏六朝、隋唐、宋元至明代前期）的道教经典及历史是重点研究课题。王先生正是以这些基本的文献群在道教学的园地中开出众多"生荒"的。

我们以《〈黄书〉考源》一文为例。中国古代的房中术一度成为国内学者研究的热点。然而，由于诸多学者认为早期天师道的《黄书》已经失传，所以很少涉及对《黄书》的研究。王先生在《〈黄书〉考源》一文中通过对道藏等古文献的细致爬梳，指出在明《正统道藏》中，至少存有两种《黄书》，其一为《道藏》正一部广字号收入的《洞真黄书》一卷，其二为《道藏》正一部收入的《上清黄书过度仪》一卷。二者皆言房中合气、过度灾厄之术。但又有所区别，《洞真黄书》主述合气时选择时辰以及宜忌事项，《上清黄书过度仪》则讲述过度的仪式，合气的具体方法。王先生此文，虽然尚未对早期天师道的合气术进行具体的探讨，但业已指出天师道的合气术实质是一种以思神、诵咒、按摩、咽气、推步等法术与男女交媾相结合的修炼方法，旨在模拟天地阴阳生化程序，使修练者自身生炁与天地自然之气融合为一，从而达到消灾度世的宗教目的。这种合气秘术是受宗教神学指导的，与中国自战国以来流行的神仙家的房中术以及现在的性科学不同，由于其浅陋无文所以只能在下层民间道教信徒中传播，虽屡受正统佛、道学者的批判，但从未断绝。此后，国内学者在探讨早期天师道合气术时都征引了王先生对《黄书》的考证。

王先生的原创性研究比比皆是。如《唐前嵩山道教发展及其遗迹》《青溪小识》《平都山道教史迹》《翟乾佑与镇元策灵书》均以第一手史料来研究地域性教派。《隋唐孝道派宗源》，在中外学者熟悉的净明道资料之外，以较早的碑文、敦煌道经为基础对六朝隋唐间早期孝道派的源流及教义作了细致的探索。《真元妙道与真元妙经图》不仅勾画出真元派的历史脉络，更指出了宋儒图书易学源于道教这一结论的不可靠。凡此皆可见王先生考订之细密。

二　准确把握住了道教史转变的关键环节

道教史研究是道教研究的传统课题。近年来，以新道法行世的宋元新道派，受到了西方学术界的关注。西方学者与中国学者的不同之处在于，他们将道派置于整个社会的变迁史之中，将新道派称为"仪式运动"（ritual movement），并且认为天心正法派等新的符箓派使南部中国改变了宗教信仰。这种研究的路径，关注的是道教新符箓派与社会整体的关系。王先生的方法与之不同，王先生以扎实的考证功夫为基础，从宗教学、文献学、历史学的角度，来审视道教自身发展的历史脉络，不仅厘清了宋元新道派发展演变的线索，还进而总结出了宋元新道法的诸特征。王先生认为：宋元之际道教法术的新趋向表现有三：第一，以符咒法术为主要活动的道派纷纷出现，北帝派、天心正法、神霄派、清微派即是其代表；第二，随着新道派的出现，符咒法术呈现出与前朝迥异的特点，这一特点突出的表现为"内修外法"，即将内在的生命修炼与外在的符咒法术结合起来；第三，在符咒的形制上，新的符咒法术都使用了道教传统的符图样式与佛教密宗的真言咒语相结合的方式。其《隋唐孝道派宗源》《翟乾佑与镇元策灵书》《真元妙道与真元妙经图》《王屋山与上方真元道派》《道教符咒与中国文化》等文即是对宋元新道派进行研究的成果。

应该说，道教的符箓、咒术是道教法术最重要的组成部分。对于符箓与咒术的研究是理解道教的法术、科仪系统的关键所在，也是进而理解道教的宗教本质的关键所在。国内学者刘仲宇、李远国诸先生是从事道教法术研究的前列。道教的符咒法术创始于东汉，魏晋南北朝为其发展时期，至隋唐之际则已经蔚为大观，大批符咒经书纷纷出现。隋唐至宋初是道教法术的转变时期，该时期的法术与早期道教法术迥然有别，是对早期天师道与上清派法术传统的融合。其中既有天师道的书符诵咒、治病收鬼之术，也有上清派踏罡步斗，祈祷北极诸星君，通灵召真之术。

这一时期，新兴符箓派层出不穷。如唐代道士邓紫阳开创的北帝派即属此列，该派以江西抚州南城县麻姑山为活动中心。唐末五代北帝派仍然传续不绝，广为流传。进入宋代该派遂与其他道派合流。该派法术以北帝为尊，其法兼容上清、正一之特色，诵经、存神、服气与符箓咒术、召遣鬼神并重。据《三洞修道仪》记载，修此道者自称"上清北帝太玄弟子"，修习该法须传授《天蓬经》《伏魔经》《北帝箓》《北帝禁咒经》《北帝雷公法》《北帝三部符》《酆都要录》等经箓。流传于荆蜀一带的镇元派，肇始于唐代道士翟法言。该派属于天师道支派，徒众称"太玄部正一弟子"，世代传习《镇元策灵书》，其道法与北帝派相类，亦兼容上清与正一之法。晚唐北宋以来，内丹炼养术风行一时，道教符箓派亦践行此术，遂产生了一些新符箓派，如天心正法派、灵宝东华派、神霄派、清微派、净明派等。这些道派一则承袭了北帝派、镇元派的道法传统，兼行上清与正一之法术。以天心正法为例，其法即宣称崇奉北帝，并将北帝符、上清符纳入自己的符咒系统。此外，这些道派更援引内丹之法，出现了"内丹外符"的新气象。所谓的"内丹外符"或谓之"内修外法"，即将内炼神气与外施符咒术结合为一。

王卡先生对唐宋之际新道派经典的烂熟于心，在其任常务副主编编纂的《中华道藏》中也得以体现。《中华道藏》第30、31册将北帝派、真元派、天心正法派、清微派、净明派等唐宋元之际新符箓派的经典汇集一处，重新标点，改变了这些经典在《正统道藏》分处各卷的状况，方便了读者阅读。当然，更为重要的是，这些经典重新分类的背后蕴涵着的是编纂者对唐宋元之际道教史、教派史的准确判定。可见，经典的编纂并非资料的简单汇集，而是建立于深入研究的基础之上。

三 以经典为本，探索道教与密教法术的关系

如前所述，唐末五代至宋金元时期，道教的符咒法术发生了明显的新变化，出现了新的趋向。新的符咒法术表现出的道教传统符图样式与佛教密宗真言咒语相结合的方式尤其值得注意。这是研究中国宗教史上佛道关系的重要一环。王先生在《敦煌道教文献研究》中以敦煌文献的解读为基础已经对道教法术与佛教法术的相互影响作了精彩论述。

道教的咒术运用广泛，无论是治病除疾，还是斋醮仪式、摄养修持、通神达灵都离不开咒语的使用。咒语的称谓极多，如：祝、诅、禁语、玉音、灵音、歌音、梵音、梵唱、真音、隐语、玉诀、内音、秘音、天中之音、飞空之音、自然之音等。咒语不仅含义艰涩难解，而且含有神真的名讳、修炼的术语，在咒语的行持中又往往结合存思、内炼等功法。总体而言，道教的咒语可以分为"显咒"与"秘咒"两种。所谓的秘咒，即从字面上难以理解的隐语、梵音等咒语，宋元时的道教所吸收的佛教密宗的真言咒，也是密咒的一种。中国佛教中的密宗又称为真言宗，以"即身成佛""声字实相"为根本教义，其中的"声字实相"即指如法诵持真言，以证成实相，属于密宗身、口、意三密修持方式中的口密。所谓真言是对事物最本质、最真实的解释。陀罗尼本是用来记忆的音节、音素，咒语则来源于原始吠陀宗教中的祷词、歌赞。但是自7、8世纪以来真言、陀罗尼、咒语往往同义，所以又有称真言为咒陀罗尼者。

天心正法的三光密咒不仅属于道教传统的符图样式与佛教真言咒语结合的方式之一，同时，从现在所能看到的材料来看，天心正法的三光密咒是道教中较早使用密宗咒语的。关于道教符咒法术对密教真言咒语的使用，其起始点仍然有待进一步的探讨。然而，就道法本身发展来说，虽然尚没有唐代道教符箓派运用密教真言咒的史料，但是出现于北宋的天心正法已经使用了密宗真言咒语却是不争的事实。显然，王先生对宋元之际道教法术与密教法术相互融摄的整体趋势的论断是准确的。

四 道教与现代化的思索

应该指出的是，真正意义上的宗教学诞生于西方，它所确立的一系

列理论，是我们全方位审视宗教，分析宗教的极其有益的依托。然而，正因为其诞生于西方这样一个与中国不同的文化背景之下，对中国传统宗教的研究，还有赖于西方宗教学理论的本土化。也就是说，要建立合理的中国传统宗教研究理论，就必须将西方宗教学理论的运用与中国宗教信仰实态统而观之。王先生《世俗化还是市场化——新世纪道教面临的问题》一文即是在这一方面的思索。文中，王先生假借美国学者提出的宗教市场理论，对道教如何适应现代社会提出了自己的见解。王先生从中国传统宗教的历史经验出发，指出多种宗教竞争的局面，对中国宗教来说并不完全陌生，在历史上民众有较多的信仰选择自由，走向开放社会的中国传统宗教也不必然衰落。道教的现代化进程应以市场社会为导向，重新诠释天道信仰，对规制和仪式进行适合时宜的改造，同时培养高素质的从业人员，采用灵活有效的传教手段，增强为信众服务的意识，积极参与宗教市场的竞争。这种思索并非对西方宗教学理论进行简单的验证，而是将之置于中国特有的宗教经验之中进行反思的结果。这一思路不仅合理地把握住了理论的主旨，而且为中国传统宗教在现代社会的生存与发展找到了门径。

学术界常将王老师视为"道教文献学专家"，事实上，王先生的研究早已经跳出了文献学的狭窄视野，而进入了道教经典、教理教义、历史、法术仪式以及中西宗教学比较、传统文化与现代化等更加广袤的研究领域。

王老师是真学者，且具真性情！

王老师安息！

深切缅怀恩师王卡先生

易　宏

王老师，您匆匆地走了，您这是要去哪里呢？

听您儿子说您家人都富有冒险精神。您是不是在做新的冒险呢？是在探索生命真谛，还是在探索更高深的学术领域呢？

说到冒险，其实，我有幸成为您的学生，也正是您的冒险和我的冒险的互相契合。

对于我这个曾经因为语文成绩太差以致经过复读才考上大学的理工男来说，在四十来岁的时候突然决定改学文科考博本身就是一个冒险。2005 年，年过四十的我第三次报考中国社科院哲学所胡孚琛老师遇险失利。后来经胡老师推荐和宗教与哲学两所领导支持以及您的冒险和包容，我才得以调剂到宗教所您的门下，成为您的第一个博士生。

我这个理工男在年过四十之后改行学文科，对我本人和家人都有巨大的风险。对于录取我做开门弟子的王老师您来说，同样存在不小的风险。您本人虽然没说，但帮助我完成调剂程序的哲学宗教两所领导和相关老师都反复叮嘱我要好好学习，大概也是鼓励并兼风险管控吧。更直接说这事的，是马西沙老师。2009 年答辩之前，我和巧薇师妹到答辩委员马老师家送论文的时候，马老师接过我的论文简单翻一下便说：真没想到你的论文能做这么好，你老师王卡当时招你的时候我就对他说你招一个学工科的，还这么大年纪了，到时毕不了业怎么办呢？可不是招了个大麻烦吗？干吗冒这么大风险呢？

后来又了解到王老师您没招过硕士生，我竟然幸运的成了您通过国家招生程序录取的完全意义的第一个学生。

您大概也知道招收我存在很大的风险，于是采取了许多降低风险的措施。

首先，您对我的选课特别关心，您多次叮嘱我选有利弥补自己过去文史短板的课程。正是有了这些补充，才使得我逐渐不那么理工。

我虽然冒失报考了道家道教方向，但其实我的基础不过是泛泛读过三玄四书，根本没有能力为自己选定一个道教领域的博士学位论文课题。您充分考虑到我的这一弱势，以敦煌道经研究第一人的眼光，给我选定了 19 种未被研究或未被充分研究的敦煌科仪道经，作为我的博士学位论文对象文献。让我完全避免了选题风险。

您虽然为我选定了学位论文对象文献，但是，对于这些文献，最初，您似乎也没指望我能有所研究。您多次跟我举例说，在国外有整理文献就可成为博士论文的先例。其实，说老实话，对于当时完全没有文献基础的我来说，文献整理是要做些什么，我也是不知道的。坦率地讲，整个博士一年级时期，我都没有找到道教文献的感觉。

我虽然有着完全没有文献基础这一明显不足，但作为您的第一个学生，我是很幸运的。从 2006 年春开始，您以陈国符先生的《道藏源流考》为线索，专门为我开设了道教文献导读课，讲了十几次。这一课程也吸引了陈霞、守诚、志鸿、巧薇、贤明等学友同听。后来我了解过，师弟师妹都没享受到这样的待遇。

为了让我进入道教学术圈，我入学不久，您就带我参加相关学术活动。2005 年初冬，在和您一起参加的河南鹿邑老子文化研讨会上，我发表了一篇题为《从"小国寡民"到"小球寡民"》的小文章，而且获得了大会发言的机会。论文在发表之前给您看过，您当时没说什么。但开完会回到北京之后，您对我说：你要注意打基础，在缺少基本功的时候尽量不要写宏大叙事的东西。我想，您之所以不在会前说，大概是不想打击我入学后第一次发表文章的积极性；您在会后明确对我说，应该是为了我的长期发展有比较扎实的文献基础。

在您这样的悉心关照和熏陶中，到 2006 年底，我终于对与学位论文相关道教文献找到了一点点感觉。在专念研读敦煌道经写本的时候，甚至有点仿佛穿越时空回到大唐的感觉。

2007 年春，终于完成了开题报告。

　　虽然可以开题了，但我的信心依然不是很足，只是感觉可以作论文了。果然开题的时候质疑多于肯定，特别是对我的"通天权的竞争"说，当时仅有胡老师明确表示支持。您本人则除了表示要我认真听取其他各位老师的意见之外，并没直接评价我的开题报告，大概是在提醒我注意吸收他人意见的同时默许我按照自己的思路继续努力吧。

　　随着学位论文写作的继续，到2007年秋，我自己对当时的论文既成稿和腹稿的感觉是，虽然还不太满意，但也大概可以通过答辩毕业。当时还没给您看论文稿，但对我内容取自学位论文稿的《道教文献选读》课程论文《日本学者的道教仪式研究》、《道教史》课程论文《道教投龙简仪由来浅识》，您都给了高分；对我的社会实践报告《千峰祖庭桃源观考察》，您也给予了很好的评价：在资料采集和整理方面都很好，盼蟾子修行道院的研究在过去还没有，选题有开拓性。其中《日本学者的道教仪式研究》也是朱越利老师主持的国家社科基金课题《海外道教学研究》的子课题报告，您建议我投稿给香港《弘道》杂志。没想到的是，投稿后很快就被《弘道》2007年第4期刊登，而且是在刊首。那时您的谈话语气和您给我的成绩，让我感觉您好像没有了对我能否完成学位论文的担忧。

　　为了写出一篇我本人和您都能够称得上基本满意的博士学位论文，再考虑到其他种种因素，我还是选择了延期一年答辩。就在这延期的一年中，不论宏观还是微观，我的学位论文都有了新的突破。在确信开题时的"通天权的竞争"说靠得住的同时，受汶川大地震报道启示，我又提出了"生命危，知礼仪"——由生命之觉悟及至对生命的尊重和爱护的礼源说。用"通天权的竞争"和"贵生"两条线串起了看似散乱的（敦煌）科仪道经。

　　我虽然没能在2008年毕业，但儿子在这年中考，如愿考上了北京四中。您和师母还给我儿子买了礼物，祝贺他考上四中。您和师母对我的关心不限于我的学业，让我深感暖心。

　　在您和师母的关心中，我继续用心撰写学位论文。2009年仲春，当我第一次把学位论文打印稿交给您的时候，您没翻看内容就说：到底是有工作经验的，拿出的东西就是像个样子。或许是您不干涉学生本人的写作风格，出乎我意料的是，您几乎没有对我的论文稿针对答辩提出具体修改意见。

不久之后，当我看到您给我的论文评语写着"是一篇优秀的博士学位论文"的时候，我的内心充满喜悦和感激之情。在答辩会上，在导师介绍学生情况环节，当您说到我的时候，您说没想到以前学工科的学生能把文科的论文做成这个样子，有些出乎您的意料。您在答辩会上这么说，也完全出乎我的意料。

从入门，到通过论文答辩毕业，您对我的批评和鼓励都是那么直接明了、时机恰当，正合着老子所言"居善地，心善渊，与善人，言善信，正善治，事善能，动善时"。我最终之所以能够写出一篇让您和我自己都基本满意的学位论文，您恰当及时的批评、指导和鼓励都是不可或缺的。对您的教诲之恩，学生我感激不尽。

您被誉为当代道教文献研究第一人，堪称活道藏，但您并不止于文献。您提出大道教概念，并倡导把儒教、道教以及中国民间宗教乃至受儒教、道教和民间宗教影响而中国化的禅宗、净土宗等佛教宗派纳入大道教或中国本土宗教论域，您对中国传统文化中的道教从传统转向现实的关切①，关于《天道信仰是中国传统文化的核心》② 的主张，对生命的源泉与归宿的探索③，《中国本土宗教的虚神信仰》④ 的观点，关于道家思想与中西价值观融合的哲思⑤，有关政治教育在国家现代化进程的作用的建言⑥，等等，都是您以博厚的文献功夫和敏锐的田野洞察，在崇高而

---

① 王卡：《中国传统文化中的道教——从传统转向现实》，收录于《中华文化软实力——2011 年嵩山论坛论文集》，红旗出版社，2011 年 12 月，第 394～403 页。

② 王卡：《天道信仰是中国传统文化的核心》，http：//www. cefc－ngo. co/expert. php？cid＝20&act＝con&id＝722。

③ 王卡：《生命的源泉与归宿》，收录于何光沪主编《对话二：儒释道与基督教》，社会科学文献出版社，2001，第 206～222 页。

④ 王卡：《中国本土宗教的虚神信仰》，《世界宗教研究》2016 年第 5 期，2006。

⑤ 王卡：《关于道家思想与中西价值观融合的一篇读书述评》，收录于《哲学与宗教》第二辑，2013。

⑥ 王卡：《政治教育在国家现代化进程的作用》，http：//www. cefc－ngo. co/expert. php？cid＝21&act＝con&id＝726。

强烈的使命感驱使下的深切社会关怀。我都由衷敬佩并高度认同。我的博士学位论文中的"通天权的竞争"线，就是天道信仰线；"生命危，知礼仪"贵生线，也就是生命线。我长期关注这两条线，毕业后的思考和一些小文章都反映着这两条线。我感觉，天道线和生命线，这两条线实际上是一而二、二而一的，是统一的。

坦率地讲，由于经历的原因，您的许多观点或关注点，我是在后来才慢慢知道的。其中有必要专门提到的是，近年才逐渐了解到您还特别关注宗教与科学的关系，并希望道教或中国本土宗教能够重新引领科学，这对中华民族是否能够真正全面复兴登顶至关重要。实际上，我之所以改行学习哲学、宗教学，在很大程度上是由于我也长期关注宗教与科学关系，而且有着长期对宗教与科学关系的困惑。在读博期间，我的《宗教学原理》课程论文写的就是宗教与科学关系，写了三万多字，是我读博课程论文中最长的一篇，其中提出了科学由宗教托起的宗教与科学关系"冰山模型"和"根芽模型"。"冰山模型"以冰山的水下和水上部分分别喻宗教与科学，"根芽模型"以根和芽分别喻宗教与科学，和您的引领说多有相通。金泽老师给了我高分。您对时下围绕"量子纠缠"热议的宗教与科学关系话题也表现出特别的关心，并认为道家道教以及佛教等东方思想同近现代物理学的某些契合，预示着中国有可能重新引领世界科学的一个机遇，正打算就此撰文。在最后一次亲聆您教诲的6月24日白云观道教学术沙龙之后的聚会上，这一话题是大家交流的一个热点。我也关注这一话题，原本也打算就此写篇小文章。听到您的观点和撰文打算之后，我想就待您的文章刊出后再跟进吧。可是，万分遗憾的是，您未及发表对宗教与科学皆有重要指导意义的大作，就匆匆地走了……

王老师，您匆匆地走了，从世界屋脊上走了，您这是要去哪里呢？

我想，您的离去，应当如您所说，不是化作虚无，而是进天堂，是合天道，是回归于自然的生命源泉。

王老师，您放心去吧！

师母和家人，我和师弟师妹都会尽心照顾。

您的明道事业，我和师弟师妹将会坚定继承，续传华夏道脉。

愿您的在天之灵，自由永生，自在永存，自如永安，自然永真！

　　西元 2017 年 7 月 22 日据 20 日拉萨告别仪式上的口述缅怀辞整
理初稿

　　　　　　　　　　西元 2017 年 8 月 9 日修订二稿

　　　　　　　丁酉中元（西元 2017 年 9 月 5 日）修订三稿

追忆恩师王卡先生

林巧薇

一

2017 年 7 月 17 日凌晨,我在京突然接到赵敏兄的电话,惊闻王卡老师在西藏林芝溘然辞世,当时我就懵了,不敢相信这是事实。当即打电话给师母,得知师母一个人守在王老师的病床边,电话里师母不停叨着王老师的头还热着,不肯让医护人员移动王老师,我的心一阵疼痛,无法呼吸。一整夜我在沙发上呆坐着,一面希冀着能听到王老师转醒的消息,一面又担心着师母在异地一个人守在王老师床前如何能承受巨大的悲痛,恨不得立刻赶到林芝。

7 月 17 日清晨,中国社会科学院世界宗教研究所做出了统一的安排,赵文洪书记带领着科研处处长苏冠安、道教室主任汪桂平、同事李志鸿及我,还有编辑部同事王皓月一同赶赴林芝。期间王老师的学生易宏、胡百涛、陈文龙、张方、李贵海、张鹏、赵敏、申琛等人也急忙预订机票飞赴西藏。因林芝地区只能从成都中转搭乘早班飞机,直至 7 月 18 日上午,大家一行人才匆忙抵达了林芝。在林芝人民医院,从当时负责抢救的医生那里了解到,王老师系因发生高原反应引发肺水肿而逝世的。大家听了都悲痛万分,难以自制。因林芝地区没有殡仪馆,只能安排在拉萨火化。7 月 18 日下午,由李志鸿和赵敏护送着王老师的遗体至拉萨西山殡仪馆。7 月 19 日上午,师母、王老师亲属、世宗所的领导和同事及学生们又一起赴拉萨。7 月 20 日,在拉萨西山殡仪馆大家为王老师举行了追悼会,送了老师最后一程。

王老师一家和西藏有着很深的渊源。王老师的父亲曾任西藏林芝军分区参谋长，为解放和建设西藏奉献了一生；他的母亲是在林芝地区怀上他的，又坐在离开西藏的卡车上生下了他，所以王老师的父母为他取名为王卡，以纪念这段经历。王老师不喜欢北京的酷暑，总说林芝的夏天凉爽舒适，于是他和师母在林芝买了房。2013年，我和道教室同事随王老师和师母到西藏考察时，就借住在他的房子里。2017年春节以后，师母终于结束了在新西兰照顾孙子的工作，回京陪伴王老师。7月时，王老师觉得北京太热，于是决定和师母去林芝避暑，度过夏天。7月9日，王老师临行前，我还和他通了电话，商量着等他8月底回京后安排去甘肃省考察道教黄箓图的行程，未想到竟是最后一次听到老师的声音。当我再次踏上林芝的土地时，竟是见老师最后一面，送最后一程。西藏林芝是王老师的孕育之地，未曾想亦成了他魂归之地！

<h2 style="text-align:center">二</h2>

2006年，我在硕士导师陈霞老师的鼓励和支持下报考了中国社会科学院的博士。9月，进入世界宗教研究所读博士，有幸成为了王老师在道教研究方向招收的第二位博士生。其实成为王老师的学生前，我在四川大学读硕士期间曾两次见到过王老师。第一次是2003年四川大学在青城山举办国际道教学术会议上，我做为学生参与会务服务工作。期间，在旁听的一场分组讨论中，一位美国学者做发言，随后王老师在讨论环节中声音洪亮、言语直接地指出美国学者的材料引证问题，给我留下了深刻的影响，当时觉得这位老师好犀利。2004年的一天，我在川大图书馆的一层书店闲逛，看到书架上有一本新书《敦煌道教文献研究——综述·目录·索引》，翻看中才知道那位言语犀利的老师叫王卡。当时这本书让我看得头晕脑胀，心中升起对王老师的敬佩之情。很幸运地是，在两年后，我能成为王老师的弟子，结下了师生的缘分。

2006年9月初的一天，我第一次到家里拜见了王老师和师母。席间，王老师第一次向我讲述了读书治学的要求。在道教学术界王老师以精通道教历史和文献、治学严谨而著名，通常他给人的印象是很认真又很严格。我当时即抱着敬佩之情，又怀揣着小心谨慎，聆听着王老师的教诲。因为我本科在四川大学哲学系学习，硕士期间在四川大学道教与宗教文化研究所攻读宗教理论方向，所以我在历史学、文献学方面没有多少基础。第一次到老师家里，王老师在阅读了我的硕士论文后，要求我以后在写作中不要"拽文"，不要空发哲学性的议论，要求我进一步补充历史和文献学的基础，并为我开出一系列阅读书目。王老师回忆到王明先生曾对他要求十年不要写文章，要先读文献，要对文献进行了"兜底"才能踏踏实实地写出有质量的文章。这番话也一直深刻地留在了我的心里。

2006 年至 2007 年期间，王老师在家中为学生们开设了道教文献导读课，每周讲一次。期间，陈霞老师、易宏师兄、姜守诚、李志鸿及我都去听课。席间，王老师结合具体的研究将自己治学的方法和心得传授给我们。在王老师身边，我一直在补课和学习，不仅在加强历史研究和文献学的基础，也从老师的身上学习着做学术研究的真精神。王老师在论文发表的要求上标准高，他时常说道，应该在阅读大量的原始文献基础上，才能提出有价值的论题，而且在论证时也必须言之有据，就像侦探"探案"一样应该在文献证据中去寻找"真相"。如果没有做出完整的文献考证的研究和结论，他一般都不发表，因而王老师出版的著作和论文以道教历史和文献考证为主，在学术界他也以道教文献研究而著名。

其实，在文献研究之外，王老师的学术视野非常广阔，尤其在哲学、政治等方面都有深入的见解。每周二返所时，他喜欢在研究室聊天，和我们分享他最新的读书心得、对时政的看法，等等，话题非常丰富。在道教室里总能听到他高亢而洪亮的声音，看到他炯炯有神的双眼和侃侃而谈的样子。在王老师身边，他的每一次聊天对学生而言就是一堂课，我们总是从中接受到他迸发出的思想火花。2017 年，他对量子力学和哲学宗教的关系问题非常感兴趣，那段时间一直在阅读相关的书籍和进行思考。在研究室里，他很激动地说这是科学和人类认识论的一次革命，能帮助我们更好地理清宗教和科学的关系，能更好地为道家道教思想在现代科学中正名。6 月，他说今年要撰写一篇有关量子力学和道家道教思想的文章，可惜如今我们永远读不到了……

近年来，王老师因为身患糖尿病，每到冬季时常出现脚肿的情况，身体变差了很多。2017 年 5 月，在北京的地跌站他因晕倒而住进了医院。但是他总是关心着道教学术研究和道教界的发展，他积极筹划《中华续道藏》的编纂。为了《中华续道藏》的编纂工程能通过国家的立项和启动，他有时不顾身体情况也要去参加论证会，觉得需要为推动道教的发展竭尽自己的力量。

可能时常感到身体不适，因他手里还有几本书的计划没有完成，这几年王老师对时间总有一种紧迫感。2015 到 2016 两年时间里，他主要把精力放在了撰写《道家学术思想概述》一书中。到林芝避暑时，为了完成该书最后的校订工作，他工作至深夜。王老师在自己的学术成果中，最看重还是在敦煌道教文献的研究。2004 年《敦煌道教文献研究——综述·目录·索引》出版后，他一直搜集整理敦煌道教文献写本图片并释文，计划出版《敦煌道教文献合集》。王老师在这项工作中投入了大量的时间和精力，他规划着这两年完成该书的编撰和出版工作。可惜这项工作即将接近尾声之时，王老师却驾鹤仙去。作为王老师的学生，如今我们决心继续老师未竟的事业，完成老师的遗作，以告慰先生的在天之灵。

朗月清风忆良师

——缅怀我的老师王卡先生

赵　敏

　　今天，我为我老师王卡先生下了葬，让先生入土为安。先生"离开"我们已经100多天了；今夜，月亮皎洁，我漫步在中海名城的庭院中，月光如水泻地，沐浴着我这个失眠者。我对先生遐思无限，许多令人感慨的往事，历历在目，浮现眼前。

　　我与王卡老师相识于2008年的"武当道教国际学术论坛会"上，当时，我是作为一名博士研究生参会的，我的导师郭武把我介绍给王卡老师时，专门强调："这是我的老师，你应该叫师爷！"王卡老师则纠正："老师就是老师，哪有什么师爷不师爷的。"这是王老师留给我的第一印象：爽朗、坦诚、毫无大学者的架子。

2010 年的中秋节，我到中国社会科学院世界宗教研究所报到做访问学者，跟随王卡老师，他非常真诚地对我讲："我大不了你几岁，咱们就亦师亦友吧！学问上的事，我为师，有问题你尽管问；你有什么需要我帮忙的，我是友，一定支持。"自此，我与他就开始交往，直到他离开我们！

王老师善讲话，妙语连珠，有"语不惊人死不休"的精神，让人有醍醐灌顶的感觉。我每次聆听完他的高论，都颇有启迪，豁然开朗。记得我刚跟他时，他专门给我开了一次课，他从学科史开讲，把道教研究和敦煌道藏最前沿的问题捋了个遍，打开了我的学术视野；然后讲研究方法，特别强调对西方的学术方法、学术规范和学术语言要予以重视，要能够对接中国传统文化的研究，并诙谐地说："我不要求你有学贯中西的能力，但你得有学贯中西的悟性才行啊！"最后讲工具书的使用，把《道藏》《道藏提要》《道藏源流考》《辞源》《辞海》《说文解字》《中国历史年表》《四库全书提要》《文献通考》的使用方法手把手地给我讲解。讲课结束后，王老师乐呵呵地说，做学问的基础就这些，我已交给你了，下面你要自己摸索着往前做，不过，你必须把书读得兜底才行，要不然写出来的东西，不是人家做过的，就是抄袭人家的，没有价值！你"自投罗网"到我这里来，在学问上也算找到了正根，我的老师王明是汤用彤的弟子，我们算"大汤门"吧！还有，老师与学生的关系是，学生认你是老师你才是老师，老师在学问上真得给学生答疑解惑才行啊！他得知我准备研究四川的刘门，就举荐我去找马西沙老师，还陪同我与刘门的后人刘伯毅老先生交往，到成都双流的彭镇对刘门进行田野调查。

记得王老师第一次带我出去考察是去的安徽亳州和河南鹿邑，考察的内容是"老子故里今何在"。当时我没有经费，是王老师用自己的课题费解决了我的所有费用，在以后几年的外出考察中，都是如此。2013 年 2 月，中国社会科学院基督教研究中心调研基地在温州基督教柳市堂挂牌，王老师为了中西信仰文化的和谐交流和对我个人的支持，偕夫人尹岚宁参加了挂牌仪式。并专门带我和刘志把《王明集》送到王明先生老家蒲岐的乡政府，瞻仰王明先生的老宅，由衷表达自己的尊师重道之情，鼓舞我辈后学。在以后的几年中，王老师每年都到温州基督教柳市堂调研基地授课，从《外来宗教融入中国文化的可行性》到《基督教中国化是基督教在中国生存和发展的必由之路》，再到《老子哲学与基督教神学思想的比较》，一步一步地让基督教会愿意真心了解传统文化，为中西文化的交融默默奉献着自己的才学和精力。2013年6月，王老师与四川大学宗教所联合举办了"王明学术研讨会"，会议结束后我们到邛崃的平乐古镇小憩。期间，道友李合春来访，讲述自己刚主持凤凰山的凤凰观，邀请王老师到观里一游。王老师考证了凤凰观原是唐代道士王玄览主持的至真观，历史悠久，并专门发文宣传此事，为道友李合春增加"底蕴"，扶持教内道士。

王老师对我谈及自己的身世，说自己的父亲王全庆自幼参加革命，抗战时参加八路军就从事侦查工作，解放大西南后又随十八军进藏，任西藏林芝军分区参谋长，为西藏的解放和建设贡献了毕生的力量。自己兄弟姊妹四人，除自己外，都在西藏生活过，唯独自己没有去过西藏，但自己父母是在林芝怀上自己的，母亲是坐卡车回成都生的他，所以父亲给他取名王卡，以对母亲艰辛的纪念！王老师很想与我去西藏转转，为了圆他的愿望，我在2011年的夏天邀请王老师夫妇在林芝和拉萨走了一圈，他因此爱上了西藏，并在林芝买了房，成了我的邻居。

在北京，我经常去王老师位于管庄东卫城的家里请教。有一次王老师系上围裙亲自下厨为我做了一桌饭，吃饭时他风趣地对我讲："我们四川的男人都是耙耳朵，会弄饭是基本功，才不得遭婆娘骂，你二天要学到起哈！"他曾对我谈及父亲的愿望是让他做军人，14岁就让他去成都警备区参了军，当时由于年龄小，长身体饿得快，晚上经常翻进食堂找东西吃，还被逮到过。讲到这些时，王老师的天真率性溢于言表！除了做学问外，王老师对生活的热爱由此可见一斑。

2017年7月10日下午，我在成都双流机场接到王老师，在送他去师母父母家的路上，他兴致很高。我担心他5月份才住过院身体不好，问他现在上高原去林芝吃得消不，他说你师弟李贵海已把身体给我调好了，我都长肉了，放心！还讲想让李贵海留下来搞道医研究，尤其是要把道医神秘的成分用现代科学解释出来。让我用量子力学的理论去思考神秘主义的问题，说很多原来被认为是封建迷信的东西就有可能被解释清楚了，宗教学者要懂自然科学的理论，这才符合 21 世纪的学术要求。没想到这次分别竟是我与王老师的永诀！

16 日晚上 10 点 30 分，我接到给我守房子的朋友方继烈的电话，说："赵哥，王老师可能不行了，你赶快让林芝人民医院的韩主任去救他。"我说："我昨天才安排你去上海，你怎么知道王老师出事了？"他说："我儿子方烨正陪尹老师在一家民办医院，方烨找不到你，就赶快告知我。"我立即与人民医院的韩道萍主任联系，请她赶快救人。11 点整，韩主任给我回电话说："人我已拉到人民医院，但王老师已出现散瞳现象，我院的四位急救专家现正全力进行抢救，恐怕凶多吉少！"11 点 30 分，我再次接到韩主任带着哭音的电话："赵老师，对不起！我们没能把你老师抢救过来，对不起！他在民办医院时还有意识，还喊赵敏救我，带我回去，我要死啦……"

王卡老师就这样走了，他对我的呼唤说明他不愿放弃生命，说明他在危难之时对我的信任和生命之托，可我却远在浙江温州，要不是方继烈告诉我，我连通知朋友救他的力都使不上，我辜负了他……！

7 月 20 日，在赵文洪书记、汪桂平主任、李志鸿副主任的带队下，我们在拉萨为王卡老师举行了追悼会……！事后，我从王淼手里接过王卡老师的骨灰，在心里对王老师说："王老师，卡兄，我……带你回家！"

王卡老师走了！他这一走，对学术界无疑是一重大损失，对道教界的损失也不可低估，对我个人来讲更是痛彻心扉！

今夜的月光如洗，一阵清风拂过，唤醒了我的直觉：王卡老师是在林芝走的，他母亲是在林芝怀上他的，他这是真正的魂归故里。

王老师，我的卡兄！你一路走好……

2017 年 12 月 29 日夜于成都

学术报国的情怀

——回忆导师王卡先生

刘　志

师从王卡先生从事学术研究，使我受益良多，而感触最深者，是先生学术报国的情怀。

编纂《中华道藏》

十几年前，当我还在成都读书的时候，《中华道藏》出版了。由于从事中国哲学专业学习的时间不久，第一次见到《中华道藏》时，尚不知王卡先生，更没有想到日后做王卡先生的博士后。喜爱书籍的我，经常阅读《中华道藏》。慢慢地知道，王卡先生是《中华道藏》学术研究的主编。先生对这部承载着中华优秀传统文化的丛书，投入之大，用力之勤，可谓呕心沥血、废寝忘食。知情人士甚至说，王卡先生几乎是以一己之力，扛鼎这部丛书。后来，在王卡先生身边，我也听到先生说："我这身病就是那段时间累出来的。"承担了这项艰巨的工作任务，而先生的收入却很少。对此，用先生直截了当的习惯表述就是"没钱也干"。先生虽然逝世，《中华道藏》四十九巨册传世。《中华道藏》的编纂出版，是中国几代学人集体智慧的结晶。她标志着，经过改革开放 30 多年（1978 ~ 2004）的时间，中国学者对于道教文献的整体研究，已处于国际领先水平。这原本应当是属于中国学者的荣誉。

研究敦煌道教文献

2010 年，我作为王卡先生"敦煌道教文献图录·释文"研究项目的助手，进行博士后研究工作。还记得来京前，第一次给王卡先生打电话时的情景。时间是上午，接电话的是师母，师母说："王老师早晨六点钟刚睡下，要睡到中午了。"于是我午后再打电话，接电话的仍然是师母，"王老师在洗澡"。这时性格内向的我早就有些紧张了，因为我此前从未见过王卡先生，一点儿也不了解先生的生活习惯和性格。第三次打电话，接电话的是王卡先生，先生很爽快地告知我见面时间，以及乘车路线，使我的紧张感顿时消失。此后两年多的时间里，我就奔走于国家图书馆、北京大学和宿舍之间，在先生的指导下，我协助进行了敦煌道教文献图版的增补、更新，还有部分道教文献的释文。我深知先生极其熟悉海内外敦煌道教文献的收藏，极其擅长文献碎片的识别和拼接，使我真正领略到敦煌道教文献研究的学术前沿。

跋涉西北

2015 年 9 月，王卡先生率调研组到新疆、甘肃调研。这时，我还在新疆生产建设兵团挂职工作。迎接远道而来的老师和调研组，是我这个月的一项重要工作。王卡先生调研的第一站是新疆兵团党委党校，期间应邀为学员授课《道教与中国传统文化》，并与学员交流。然后，启程前往阜康、乌鲁木齐、吐鲁番、敦煌等地。一路上，先生精神饱满，笑声爽朗，兴致颇高，毫无倦意。在天山考察道教宫观，在阿斯塔那古墓群考察出土文物，在敦煌莫高窟考察佛教壁画和藏经洞……虽然大家常常劝他多注意身体，王卡先生仍然是不惜体力，徒步而行，而且随时随地为我们讲授历史地理，领着我们释读古碑文。敦煌是调研的最后一站，恰逢八月十五。在明月映照下的鸣沙山月牙泉边，大家围着桌子坐下来，当然还有月饼和矿泉水，这便成为那一年令人难忘的中秋佳节。

情系西藏

2013 年 10 月，王卡先生率调研组去西藏，我也参加了这次调研。在此之前，常常听先生讲去西藏，所以此行是酝酿已久了。我们在林芝机场刚下航班，就见到已经等待迎接我们的朋友们。由于各项工作准备充分，所以调研工作很顺利。大家原本担心王卡先生的身体状况能否适应高原地区，结果并无大碍，先生甚至认为完全适应。2017 年 7 月，王卡先生再次去西藏，非常不幸的是，先生因高原反应病逝于西藏。在王卡先生的追思会上，通过师友们的回忆，才知道王卡先生是十八军军人的后代，对西藏怀有深厚的感情。受家庭的教育和熏陶，先生十几岁时就参军入伍。而后，先生虽然转为学术研究，但是始终怀有深深的西藏情结。

王卡先生去世后，我在先生工作过的研究室读书。昔日，只要先生一来研究室，就等同上课了，而现在只有满柜子的书。我一本一本地翻着，发现纪传体、编年体、纪事本末体等各类史书如此完备，以至于可信手拈来。这显然是先生早年在成都工作时所购书籍，其证明是扉页上的一方红印"成都科研站图书"。史书在手，心想，先生是一位令人敬仰的真正的学者，是一个把祖国历史文化和大好河山深深装在心里的人。

2018 年 1 月

三洞修真，道苑遗泽：深切缅怀王卡老师

刘康乐[*]

直到今天，我始终不能接受这个事实，那就是敬爱的王老师已经辞别红尘，乘鹤而去了。英灵早逝，讣闻传来，学界震惊，难掩伤痛，高原草木亦为之含悲。王老师功德圆满，在林芝归真大道，魂归故里，长眠在青城山下，用的他一生践行着学术生命的修炼和超越。他多年来纂修三洞经藏，精研玄门哲理，在道教文献、道教哲学和历史方面的研究贡献，引领了当代道教研究的学术方向，尤其是他近年来对敦煌道教文献的整理和研究，更是为我们留下了珍贵的道学财富。

王老师于我有教诲之恩，多年来蒙王老师的不弃，我得以亲近和问学于门下，受教良多。感念师恩之厚，回忆我与王老师结缘的点点滴滴，如影片般再次重演，恍然如昨。我与王老师最近一次的相见，是在2017春的4月。4月22日，应樊光春老师和刘世天道长的邀请，王老师和尹师母不辞旅途劳顿，来到陕西紫阳参加中国道协《道教史》编写大纲的研讨会，会上王老师在道教起源问题讨论中，提出道教史撰写应从老子开始的观点，取得与会道学同人的共鸣，打破了旧有的道教史编写范式，为《道教史》的编写模式提供了理论的支持。会议考察期间，王老师十分关注紫阳和南宗道教的发展，对陕西道教学术的前景寄予厚望。4月25日，在参加完文龙的博士后出站答辩后，应闻道学社的邀请，王老师当晚在西安城隍庙做了一场《敦煌道经》的讲座，分享了他多年来致力的敦煌道教文献的研究成果，再次聆听老师的教诲，深感荣幸。然而春华易逝，未料长安一别，竟是永诀！哲人其萎，音容宛在。犹忆川大读书

---

* 刘康乐，长安大学副教授。

时，在撰写博士学位论文期间，我的导师朱越利先生就让我就相关的研究问题向王老师请教。朱老师说："王卡老师是当代研究道教的权威专家，作为汤门再传弟子，也是你的师叔，你要多向王老师请教。"从此我得以亲近王老师，时常请益，每当在学术会议相见，私下里都能得以聆听教诲，平日诸多疑惑经王老师的悉心指点，皆有拨云见日、柳暗花明之感。2010 年我从四川大学宗教所顺利毕业，后来我得知王老师在我的论文评议给予充分肯定，让我增添了许多的信心。此后两年我在华中师范大学从事博士后的研究工作，在桂子山、晴川阁和九宫山，都留下了许多与王老师一起游览过的珍贵记忆。

2012 年我到长安大学工作，与王老师的两位得意门生文龙兄、张方兄相遇古城西安，共同研究探讨学术，而王老师也由此更为关注陕西道教研究的进展，多次来西安参会和调研，问道骊山、访道终南，都留下王老师云游的足迹，我们有幸相伴请教，深受教诲。往事如昨，历历在目，而如今这一切却都再也不能够了，痛哉惜哉，往日不可追，来日长缅怀。

夜已深沉，仰望窗外星光点点，我在想，敬爱的王老师一定化为了夜空中那一颗最亮的星星，依然在眷顾着红尘中的我们，引领我们的学问之道，佑护后学的道业精进。挽曰：

雪域升遐，与天地精神往来；
尘外仙游，共造化阴阳合一。
太虚御风，乘鹤上三天六气；
大罗归真，仙泽遗玄门红尘。

2017 年 7 月 27 日于长安崇业坊追思

缅怀业师王卡先生

陈文龙

2017 年 7 月 17 日清晨，我正在福州仓山江边散步，突然接到师弟熊海明的电话，告知王卡老师在林芝突然逝世。我当时就蒙了，连续问了几遍怎么回事。经过与李志鸿师兄联系，确认了这个噩耗。得到老师遗体将在西藏拉萨火化消息后，我经重庆转机赶到拉萨，见到各位沉浸在悲痛之中的同门师兄弟，在互相慰问的唏嘘中，感受大家心中的悲伤。师兄弟们几乎都工作了，可就感觉我们好像是失去庇护的孩子，挺可怜。这种庇护感是老师长期以来对我们学术成长的关心与爱护，这种庇护感也滋养着我们对老师的孺慕之情。

到拉萨的第二天，我们前往火葬场灵堂，终于见到安详地躺着的老师。然而，我知道老师已经永远离开我们了。悲从心发，泪水从眼眶中涌了出来。我绕到灵堂正面，恭敬地跪在地上，给老师磕了三个头，心中默默祝愿，老师一路走好。告别仪式之后，我和胡百涛师弟送老师遗体进入火化间，百涛痛哭流涕，不能自已，最后是我扶着百涛离开火化间。最后，王淼、赵敏、李志鸿办完手续，我们前往拉萨机场离开西藏。拉萨的天空非常明朗，老师选择在这高原雪域作为归宿也许是一个很好的选择。但对我们而言，老师的离开却是一个不可估量的损失，从此，老师就不能像从前一样指导我们的学习与研究了。

2007 年，我考入中国社会科学院世界宗教所，成为王卡老师道教专业博士研究生。早听说王老师是王明先生的弟子，学识渊博，性格直爽，对学术非常执着。面试的那天，我心里比较忐忑，自己基础不是太好，不知道初次见老师会是啥情形。出乎意料，面试时，老师非常温和。了解完我的情况后就说，基础差点，好好努力。听完这话，我知道通过面试了，心里激动异常。

在中国社科院博士学习生活中，印象最深刻的是每周二到道教室的活动。一般周二道教室活动分为三部分，第一部分是听老师们聊天；第二部分是听老师讲课；第三部分是中午跟老师后面蹭一顿大餐。聊天中我们了解了许多老一辈学者的轶事。老师的课最吸引我们的注意力，他没有授课提纲，经常就一个主题展开，经常有新颖的观点展现给我们，引导我们思考。中午的大餐则是我们几个学生的福利，老师都会多点不少菜，照顾我们这些学生的胃口。

转眼间，毕业季到来，我们面临的最大事情就是顺利找到一份满意的工作。老师平时对学术要求严格，却不擅长交际。但他还是为我写了好几封推荐信，力图帮我解决工作问题。最后，在老师帮助下，我到陕西社科院宗教研究所工作。

从学校毕业，进入工作单位，感觉离老师远了。挺羡慕师弟，能待在老师边上，随时可以请教老师。在新的单位，面临新的环境和问题，怎么解决原来研究方向和新工作需要的问题？我还是给老师打电话请教，老师耐心告诉我，新的工作要认真对待，也不能放弃原有的研究方向。我原来主要研究宋以后灵宝派问题，老师鼓励我继续研究下去。第二年，我成功申请了一项关于道教灵宝派历史的国家社科基金项目。以此为基础，顺利开展我的研究工作。这以后，几乎形成一种惯性。一有学术上的问题，我还是像在学校时一样，给老师打电话请教。几乎每次打电话，老师都会花一段时间给我讲解问题，启发思路。这种感觉很好，觉得好像也没有离开老师，仍可时时请益。

2015年9月，我因家庭问题，调回福建师范大学社会历史学院工作，给老师打电话通报了新工作，老师勉励我在新环境下好好努力。2017年5月，我在西北大学的博士后工作结束要举行出站答辩会。听闻老师开会正好要经过西安，于是我打电话请老师参加我的答辩会。我提前赶到西安，见到老师。我和张方师弟安排老师和师母到西安附近走了一天。回来吃完饭，陪老师在大雁塔广场附近散步，老师交代我继续把灵宝派历史的课题进行下去，包括江西葛仙山等地要去走走。第二天，我因有课要上，答辩完就匆匆乘飞机赶回福州，同时请朋友刘康乐帮忙接待老师。

然而，这却是我最后一次见老师了。谁也没想到，老师的教诲还言犹在耳，才过一个多月，老师竟然永远走了。一直觉得老师还年轻，我还可以随时请教，然而再也没机会了。

2018 年 1 月，去北京办事，匆忙中去看望师母，在老师灵前献了一束花，瞻仰了老师的遗容，不忍细看，怕师母伤心，也怕自己伤心。老师离去了，才发现自己对老师的这份感情，却是在毕业后时常联系的电话中不断凝练厚实。感念如斯，唯愿老师得升极乐。也感谢汪桂平老师一直以来默默的付出，使我有机会能够一抒胸臆。

2018 年 4 月于福州仓山寓所

师恩天大

——回忆恩师王卡先生的教诲

胡百涛

很不幸，王老师离开了我们。对于刚刚迈进学术之门的学生来说，这是莫大的悲痛。时至今日，日之与夜，我仍无法面对恩师的离去，我更愿相信，恩师只是驾返太虚，他不会离开我们。二七的前夜，在梦中，我又见到了恩师，我请他回来，他欣然答应——隐化在蓝色之物中。蓝色是天空的颜色，王老师会在天宇一直关照着我们。

在梦中，再见到恩师时，他身边依然围绕着学生，老师在指导学生读书。只是他现在指导的是另一个世界的学生，恩师不论在哪个世间都在贡献自己、引领他人。在我们所处的这个世界，老师住世时，就是这样把自己的全部心血交付给我们这些学生的。

恩师培养过我们六位博士生（易宏、林巧薇、陈文龙、胡百涛、张方、何建朝），指导过六位博士后学生（刘志、曹凌、王皓月、李贵海、张鹏、王璐）、道教室招进来的几位硕士生和道教学院的几位年轻道长，指导过的青年学者也有多位，受到过恩师启发和影响而心仪于恩师学问的更在多数。不管是以何种方式就教于王老师，都是老师的弟子和学生。对于众多学生，恩师的教育和指导都可说是"悉心、倾心"四个字。在教育方法上，恩师从来都是有教无类，循循善诱，发掘每个学生的特点，并予以悉心的培育。尤其是我们这些博士生，来到恩师门下之前，所学专业各异，学理工、哲学、历史、文学各个门类，功底单薄，基础不牢，兴趣点也不一样。恩师则对我们的特点都分析得很透彻。我记得入学后第一次到恩师家里，他就针对我容易流于做空泛的概念分析之缺点而要求我补充基础文献和文献学的知识，并为我开具具体的书目。我了解到，师兄弟们来到恩师门下，老师都为我们开具了不同的针对个人的阅读书目。后来，老师曾几次分析我们几个师兄弟的特点，指导我们应该在哪些地方继续努力。恩师的教导用慈父教子来形容是一点儿不为过的——如何读书、读哪些书，如何查资料、如何用资料，如何组织论文、如何表达思想，应该以某些前贤为榜样、应该避免哪些误区，大到学术道路的规划，细微处到写作风格的注意事项，都为我们手把手予以教导。师兄弟们之所以能够在不同的研究领域踏入规矩的学术道路，主要在于恩师的悉心教诲。而且，恩师不仅对自己的学生尽心教育，对所有有志于学术研究的求教者都是知无不言、言无不尽的。我在读博期间，老师曾让我阅读一篇北京大学的博士学位论文。那篇论文是请恩师做外审的，研究方向与我的博士学位论文方向基本是一致的。因为，恩师为我选择的研究对象是恩师他当时已思考成熟的，他把自己的研究成果毫无保留地传授给我，同样也诚心诚意传授给北京大学这位同学。恩师对待所有请教于他的人都是一视同仁的，他总是倾全部心力去帮助学术道路上的每一位。师娘告诉我们说，恩师常说的一句话就是："知识就是用来传播，做老师的不把自己所知教给学生，那还算老师吗？"在教育学生和奖掖后进方面，恩师他树起了一座丰碑。

恩师之所以能够对各个研究方向乃至道教学之外的求教者施予教育和指导，乃在于他宏大的学术视野和深厚的学术功力。老师驾鹤升虚，留在世间的乃是他不朽的思想和著述。

恩师给人的印象首先是一位道教文献学大家，学生们从他那里首先收获的也是文献学的训练。在恩师指导下去查找文献，然后进行录碑，为敦煌文献录文等等几乎是我们师兄弟共同的学历经历。恩师会根据我们的录文进行点评，指导我们如何写校勘记等。他校勘的《老子河上公章句》也是文献整理的典范之作，2017 年 6、7 月，他还以此书为标准，准备指导我们点校整理文献，不想我们竟没有机会再听他指导了。恩师的记忆力惊人，他对各种内容的资料都能烂熟于心，对各种文献群，包括抗战时期日本人做的各种调查报告都信手拈来，他犹如一专业数据库。道教学各领域学者、学生向他请教，他随时随地都能提供一串文献来源。唯其如此，他才能在数以千计的敦煌写卷（包括大量残片）中对 400 余件进行缀合。这固然得益于恩师较高之天赋，亦得益于他常年心无旁骛、专志唯一的辛苦研究。恩师曾对我讲起，他追求的主要就是精神食粮，对其他世俗趣味都少有考虑。老师数十年如一日的研究鲜明地体现在他的治学方法上。我在入学伊始，他就把这些方法传授给我，把他积累有年的资料长编、读书札记拷贝给我，告诉我照这个方法坚持下去。恩师亲身示范，将永远激励我在学术研究的道路上走下去。

恩师之功，首先在于道教文献，但绝不至于文献。他是一位真真正正的思想家，是得道家之真精神的哲人。很多学人都执着于道家、道教两个概念的区分，但王老师深悉概念之间的玄微。他教育我们学生说，研究道教不明道家哲学是不行的，道教与道家两个概念不能做机械的区隔。为此，他提出道教史要从老子写起，待刊稿《道家思想简史》更是从老子一直写到金岳霖。恩师曾说道教的性命学问在《庄子》中都可以找到，《刻意》中说"吹呴呼吸，吐故纳新"是命功，《在宥》广成子曰"至道之精，窈窈冥冥；至道之极，昏昏默默。无视无听，抱神以静，形将自正。必静必清，无劳女形，无摇女精，乃可以长生。目无所见，耳无所闻，心无所知，女神将守形，形乃长生"是为性功最好的表达。这当然不是说道教的性命学问在先秦文献中既已存在，而是说道家道教有一以贯之的思考命题，这就是围绕天道与生命的致思。

天道信仰是中国传统文化的根基，这是恩师提出的重要命题。由此，可以回答中国传统学问的宗教性问题，进而可以发展出大道教和中国本土宗教的观念。由大道教而中国本土宗教，这是外延逐步扩大的一对概念。大道教包括道教和民间信仰，中国本土宗教则包括大道教、儒教和中国化的佛教宗派（禅宗、净土宗等）。大道教概念基于对道教和民间宗教教义和修炼活动的描述，是宗教学意义上的概念；中国本土宗教则基于对天道信仰的特点的分析，是一个宗教哲学概念，而且是一个描述性概念，而非实体概念。因为天道本身即不具备实体意义，其内涵之核心乃在于虚神一词。唯其如此，中国本土宗教的概念才能够成立。

这里还牵涉到恩师对中西逻辑的区分。恩师不赞成在研究中国传统学问如道教、中医等学科时脱离具体的实践技术而去分析空疏的概念，他几次提醒我，道教及中医的哲学观念都在具体的操作性技艺中，仅仅进行概念的分析是不能真正认识道教和中国医学的。也就是说，紧靠概念推演是不能深入中国传统学问的，中西方的逻辑理念是不同的。由基于虚神观念的天道信仰所维系的中国本土宗教，是与西方宗教理念不同的一种当代中国的哲学概念。

恩师专志书斋，又行遍九州，游历海外。他就有思想研究的深邃，又有现实关怀的热忱。他关注中国社会现实问题，尤其关心道教界的发展变化。恩师是极具文化情怀的学者、长者，他告诉我们，要为中国传统文化的复兴而努力，具体到我们的工作也就是要为道教的复兴而努力，一方面寄希望于教界，切实支持并帮助道教界发展，另一方面走文化之路，振兴新道家，发扬道家文化。老师真切的现实关怀和热切的文化情怀是我们学生应该永远继承和发扬的。

恩师每次和学生聊天对学生而言都是一堂课程，而且谈论的范围极为广泛，道教之外，佛教、景教、基督教的中国化都是他讨论的话题，宗教之外，科学、民主、个人权利、自由等话题都是他研究的对象。恩师他持有宽阔的世界史学视野，谈话中经常纵横古今中外，也常指导我们去阅读世界史著作。话题虽广，立场则一。王老师教育我们，看待问题一定要有自己的立场，对于我们而言就是以道家道教的精神理念为基准去评价其他领域，这样才不会在各种意见中丧失自己。恩师正是这样去评议各种社会现象的，他坚信道家的自由理念，推崇顾准、哈耶克等中外思想家，发表《政治教育对国家现代化的作用》《关于道家思想与中西价值观融合的一篇读书述评》等评论文章。而与自由理念相表里，是人对超越性的追求，在道家道教而言，就是对生命意识的重视。这是老师一贯的思考，《河上公章句》对此既已关注，《新译道门观心经》则是进一步的展开，后来就此更撰写过多篇文章，包括《生命的源泉与归宿》等等。2017 年 5 月 13 日，在医院病床前，恩师告诉我，要以存思术为中心，扩展至各个宗教，延伸至整个宗教心理学领域，要积极吸收现代西方的心理学，把最新的量子力学理论引进来。后来在道教室，恩师希望在《新译道门观心经》中补充一些文献，重新出版。工作尚未开展，老师他却离我们远去了。

恩师留给我们很多遗产，《中华道藏》《三洞拾遗》等，更交给我们许多工作。2017 年 4 月，恩师得知我已转入社会科学文献出版社工作，很高兴，让我马上进入《敦煌道教文献合集》的后续工作中。现在想来真是汗颜，因为工作的关系，毕业后几年在学业上有所荒疏，没能在这方面继续跟进学习，于今书稿尚未完备，图版虽已齐全，尚待整理，图片缀合、标行和录文等工作还要继续。而早自 2010 年，恩师对道教室和我多次谈话，设计道教养生发展规划，提出要整理道教的养生资源，并希望能够开发出一套产业来，借以提升道教界在现代社会的吸引力。如今，这也成未竟之事业。恩师还规划有几本教材的编纂，也曾提出翻译系列图书的愿念。这些都有待道教室和师兄弟们去逐步落实。

恩师对我说，"工作只是工作，还是要做研究，下去想个题目来"，他随后即在病床前为我做指导，后又在白云观参加学术沙龙时再次加以指导。加上他在 2017 年 3 ~ 6 月领导我们设计"道医精华"丛书，可以说，恩师他在住世的最后一段时间念念不忘的一个重要方面乃是学生日后的学术发展。言犹在耳，作为恩师的学生，我们有义务也有决心沿着他所指示的道路继续前行，传承他的道教学事业。

（学生胡百涛泣述）

跟随恩师考察济源道教遗存

春日忆恩师

先生应是朝元去，逍遥无何承天颜。

洞经编修泽世永，史赜探索惠人煊。

为有学术得上乘，实则师表海内先。

殷殷叮咛常在耳，谆谆诲教铭心垣。

云遥不隔真学问，汤王一脉永绵绵。

（胡百涛，戊戌年立春谨记）

忆恩师王卡先生

张　方

　　前几天，林巧薇师姐打电话过来，说起王老师纪念文集的出版事宜。我突然间才意识到王老师离开我们已经有九个月了。九个月来，我从震惊到悲伤再到平静乃至慢慢淡忘。家庭的琐事、生活的压力、工作的烦恼，使我变得日益迟钝而又情感麻木。只不过在某些失眠的夜晚，当脑海中不经意地浮现出拉萨送别王老师的场景以及过往的点点滴滴，心中仍会泛起阵阵苦楚，泪水也不由润湿眼眶。

　　我第一次见到王卡老师是 2008 年在武汉的学术会议上，那也是我第一次参加道教学术会议。当时有一位学者刚刚发言完毕，突然就从听众席上传出一个高亢的声音"这是一个伪命题"，然后开始质疑起这位学者的观点。同行的樊光春老师告诉我："这就是王卡，他（学问）很厉害"。王老师喜欢与人争论学术问题，他的每次争论都是本着对学术认真的态度，从来是对事不对人。记得 11 年在王屋山开会时，会议主办方的一位工作人员跟我讲起了上次王屋山开会，王老师与人争论学术问题时，竟欲拉着对方回北京查对资料。当时我已经考取了王老师的博士，还没有报到，心想王老师一定是一位非常严厉的导师。后来到了北京之后，才发现王老师更像一位慈祥的长辈，非常平易近人。他从不要求我做什么，而只是建议我做什么。他常教导我说，做学问是一辈子的事情，急不得，要在四十岁之前勤加积累，之前的积累才决定着日后能达到的高度。王老师虽然对学生发表文章没有要求，但是对我们做学问的严谨性却十分在意。有一次，我写文章引用文献时漏掉了一个字，虽对文章大意没有影响，王老师还是很严肃地批评了我。他对我说，读古文献时，一定要弄懂每一个字的意思，才能断句，不然就会出错。他还曾对我说，他在整理敦煌文献时，曾经为一个字想了一天甚至几天，确定准确无误后欣喜若狂。有一次，王老师将他收集史料的范本给我们学生一人拷贝了一份，然后给我们讲如何写文章。他说如果碰到自己感兴趣的资料就先开个文件夹再将资料录入电脑，以后每遇到此类文献便附补于后，久而久之就会有很多可写文章的素材了。写一个东西，一定要尽可能地穷尽文献后方能动笔。这种方法使我受益匪浅。

在日常生活中，王老师是一个极其健谈的人。特别是谈到学术、政治或国际形势等他感兴趣的话题时，他总能滔滔不绝地说上几个小时，每到得意之处，还会仿若无人的呵呵大笑几声。记得有一次，我在道教室向王老师求教论文时，王老师对我讲起了清代全真教，他讲到清代全真教悬而未决的问题以及自己的推测，说到兴奋之处，他突然一拍我的大腿，说："这真的很有意思啊，你以后要争取把明清打通。"后来不知不觉，我们从上午十点一直谈到了下午两点多，把吃午饭的时间都给错过了。

与王老师接触久了，我渐渐发现王老师其实是一位与当今学术环境格格不入的学者。其一，王老师不用手机（后来师母远赴新西兰之后，为安全起见，才给王老师配了手机）。记得在我入学后，胡百涛师兄就对我说，找王老师要打家里座机，但不要在上午，上午王老师要休息。由此我才知道，王老师几十年来一直是晚上工作，白天休息。后来，王老师对我说，白天的时间被三餐分割开来，很容易打断思路，而晚上是一块整时间，又安静，利于思考问题，所以他选择在晚上工作。他还说，他最怕开会，一般开会在上午，他通常一夜没睡，上午还要赶到单位，身体很是吃不消。我想他不用手机也是因为这个原因吧。其二，王老师不知道什么是核心期刊。记得社科院实行创新工程，要求每人都发核心期刊。当时有一个地方的小学报给王老师寄来了两本刊物，王老师拿起问我们这是不是核心期刊？当时我心里很震惊，核心期刊是当今学术界衡量一个学者水平的重要标准，王老师居然不知道。后来，我发现王老师有些重要的文章并没有发表在核心期刊上，而且王老师发表文章的频率也不高，在我读博的三年里，印象中有两次，王老师拿出他新写的文章跟学生们分享，每篇文章都大概有四、五万字。他得意地对我们说："这篇文章我写了好几年，这次开会拿去，让他们震一下"。其三，王老师课题十年没结项。王老师在 06 年时申请了一个国家重点课题《敦煌道教文献》，有十万元经费。敦煌道经是王老师一生的兴趣所在，同时也是一个非常庞大的工程，王老师做了十年仍没有完成，十万元经费早就用完了，课题也可能已经被撤销了。但王老师并不在意，仍然自己贴钱在做。其实，以王老师已完成部分的质量以及他的身份与地位，想要结项并非难事。但是，王老师想要做到最好、最全，采集到所有能采集到的图片。他说能把敦煌道教文献做完，他这一辈子也算有交待了，死而无憾。可惜天不遂人愿，在王老师完成大部分文稿时突发意外离世。所幸汪桂平老师与道教室众师生立志继承王老师未竟之事业。前一段时间还听说，王老师遗著《敦煌道教文献合集》已获得社科院五十万出版经费资助，我想这足以告慰恩师的在天之灵了。其四，王老师不会找经费。在当今学术界，科研经费的多少是衡量一个学者是否成功的重要标准，但王老师并不擅长。他常开玩笑说："道教学术界我的化缘能力是最弱的，所以很多事情只能出出主意。"记得听李志鸿老师说，有一次道教室与某地方道观谈合作，谈到高兴时，王老师突然说："我们不要钱"。一下子大家尴尬了，不要钱大家怎么办。其实王老师之所以说不要钱，是因为他觉得应该做的，就不再计较个人得失了。中国社科院在北京来说，工资算是极其微薄的，但是王老师从来没想过离开。他曾对我说，在当今很难找到一个单位像社科院这样既给你一定身份地位，又不约束你，可以躲起来自己做喜欢的东西。王老师对物资生活的要求不高，吃饭有辣就行，穿衣更是随便，一件衬衣穿了很多年，领子都磨破了。特别是在师母去新西兰的几年，有的时候穿着拖鞋就出来了。他说，我的工资除了买烟抽也不花什么钱，要那么多钱干嘛。

今天细细想来，王老师为什么有这么多的与众不同？或许正是因为他坚守了很多我们已经放弃的东西，例如对学术的崇敬、对真理的渴求，等等。作为王老师的学生，我从天资到勤奋程度都不及恩师万一。但只要我还能躲在一个地方踏踏实实地做学问，在当今物欲横流的社会中内心还能保持着对学术的尊重，这就够了。我想这也正是恩师希望看到的。

2018 年 4 月 22 日于西安

追忆恩师王卡先生

何建朝

王卡恩师去世的消息来得太突然，对于老师的溘然长逝，心情久久难以平复，没想到毕业离别竟然成了师生之间的诀别。毕业初为生活工作四处奔波，后又因出国谋职，就再没有机会与老师相见，现在想来已成为自己终生遗憾和愧歉。

与老师的结缘始于硕士准备考博之际，当时在图书馆无意间翻到了一本老师编写的著作《道教文化 100 问》，也许是冥冥中的安排，竟然对此产生了浓厚的兴趣，因此便向彼时正在四川大学道教与宗教文化研究所上学的同学请教，这位同学向我介绍了王卡老师在学界的地位和成就，并鼓励我报考王老师的博士生。然而第一次与老师见面则是在 2012 年 5 月的考博复试中，当老师得知我是从文学方向转报宗教学专业时，在面试后还特意提点我回去要多找一些专业的文章和书籍去学习，老师的叮咛和爽朗的笑声，让我倍感亲切。

入学后，老师对我的学习生活都十分关切，尤其是在学业上，为了让我更快更全面地了解道教基本典籍和文献，便让我将《中华道藏提要》全部手动录成 Word 电子版。我花了大半年终于将四十几万字全部录了一遍，也让自己对道教研究中的基本文献有了较为清晰的了解。同时，老师不仅在文献研究领域卓荦不群，而且十分关心宗教研究与现实社会生活间的联结，有机会总是带着我们参加各种学术活动或考察调研，以便让我们懂得如何将理论和现实相结合。老师的种种举动如春风化雨，润物无声，他的良苦用心让我刻骨铭心。上学时，最高兴的事就是每次与老师见面聊天，老师的博闻强识，旁征博引，敏锐思维让每一位与其接触过的人都难以忘怀，在交谈中总能给我们后生晚辈带来启迪，引发我们的思考。

　　然而，自毕业后，因各种工作原因，忙于各种琐事，使本来研究基础就薄弱的自己在专业领域已然荒怠，记得最后一次通话中老师还嘱托我可以利用在泰国的机会做做有关的宗教研究工作，可惜至今仍陷于各种行政事务中，每每想起总觉得愧对老师的谆谆教诲。

　　老师虽然离开了我们，但他做人做事的精神将永远留存在我们心中，随时提醒着我们要更加奋发努力，不忘治学初心。

　　纸短情长，书不成字，惟愿恩师飞升仙界，万古长存！

关于王卡老师的回忆与遗憾

王皓月

王卡老师的去世非常意外，感觉我和王老师的师生之缘刚刚开始就仓促地画上了句号。

2013 年我来王卡老师这里做博士后，虽然之前经常看王老师的敦煌文献研究著作，但未曾逢面，对王老师的印象停留在书中作者简介照片中穿白衬衣肤白微胖的形象。在我从早稻田大学小林正美先生那里博士毕业之前，关于未来回国后的去处，小林先生认为去王卡老师那里做博士后是不错的选择。所以从那时开始萌生了与王老师的师生缘。

第一次见到王老师是在宗教所道教室，王老师推门进来时我有点意外，那天王老师似乎很久没有刮胡子，头发也十分凌乱，完全颠覆了书中照片上的形象。不过，谈吐豪放，说话掷地有声，仙风道骨十足，所以这种印象的颠覆在意料之外，又在情理之中。

关于博士后的选题，王卡老师觉得做晚期的更好，不过由于我觉得博士后时间短，开辟全新领域力不从心，加上博士期间有未完成的研究，所以坚持了做六朝时期的天师道和灵宝经。至于晚期的道教研究，可以之后再做。这也成了我的第一个遗憾，没有来得及开辟一个新的研究方向。

当时王老师还在整理敦煌文献，一个繁重的任务是将搜集的敦煌残片拼接起来，然后重新裁剪，将释文和研究一并附上，出版敦煌道教文献的集大成之作。我为此事去过几次王老师家里，也拼接出来了一部分，但是由于工作等原因无法集中精力做此事。这也成了我第二个遗憾。

博士后出站，我留在了宗教所编辑部，主要负责《世界宗教文化》的编辑。工作之后各种琐事缠身，这跟自己从事道教研究的目标不是很一致，甚至被院里安排到行政部门实践锻炼两年。对于需要大量时间的文献历史研究而言，现在的工作安排自然是完全打乱了安排，几乎让学术研究陷入停顿。曾听王卡老师说过，当年在香港，曾经有老师被社科院的低工资所震惊，但王老师说了一句名言"自由是无价的"。现在看来，当年的社科院虽然比较困难，但还是有吸引人的地方。现在待遇虽然有所增加，但依然比别人低，之前最吸引人的自由却已经不复存在了。曾经社科院三个定位之中包含了一个"哲学社会科学的最高殿堂"，但2017年建院四十周年习近平总书记的贺信之中已经不再出现这个说法。的确，一流学者越来越少的社科院已经难言殿堂，王老师这样的学者今后很难再出现了，所以说王老师的去世不仅是我们学生的遗憾，更是中国学术的遗憾。

王老师去世之后，我写了以下挽联："修中华道藏解河上章句三洞第一拾遗人，缀敦煌遗文论道教经史四海无双逍遥仙。"上下皆平，希望王老师走得平平安安。

王老师的研究成果必将永远惠泽学林，我们学生唯有奋发精进，永远以王老师为榜样。

忆王卡老师

张　阳*

最近家里琐事，基本不怎么看手机。今日清晨起来，看到微信群里满屏都是先生去世的信息，但我始终不能相信，急忙向李志鸿老师等人求证，后师妹申琛说得到皓月兄的确切回复，才让自己相信，先生真的走了。

最后一次见到先生是 2017 年的 5 月 9 日，我的博士论文答辩会上，但不想却成永诀！

跟先生相识还是在 2013 年的 3 月，上午经赵敏师兄引荐，一同去先生寓所。先生与师娘都在家，分宾主落座后，先生得知我是广保老师学生，高兴地说："我们都是大汤门。"一句半玩笑话，拉近了我与先生的距离。之前总听说先生以威严著称，那日相见，却未能体味到王老师的那种"威严"。临别之时，先生主动赠书与名片，将要出门，先生又追出来说名片上的电话早已变更，就重新抄写了一份给我。

有此第一次相识，后来不断有机会去向先生请教，在最早论文选题时，就多次去先生家拜访，聆听他对论文选题的教诲。先生作息习惯很独特，喜欢夜间工作，次日中午起床吃午饭，下午开始读书、功课。先前几次都是下午一点左右准时到寓所，先生取出一只茶杯，几个茶叶筒，让我自己选取所好，之后我替先生把杯中水斟满，基本就是一坐四五个小时的谈话时间。先生聊天的内容格局很大，视野也很开阔，但又并不是浮在空中，而是耐心地教我如何打下基础，如何去翻检材料，如何去完善一篇像样的论文。总结起来就是做论文要先写小背景、次之中背景、最后大背景，才是一篇论文的写作之道。

---

*　张阳，中国道教协会道教文化研究所。

记得论文开题之前，时值家里杂事较多，又刚从欧洲回来，开题报告弄得比较粗糙，思量再三，还是电话向先生求教。先生总是怕去家里太远，不想让我专程跑一趟，浪费了时间。但电话中谈论问题，无法说得透彻，只得待明日去家里见他。那段时间，师娘远在新西兰，先生一人在家，可谓有些"小寂寞"吧，我本来打算还是下午 1 点去找他，但先生中午 10 点左右给我电话，问我有无出发，我说在地铁里，他说："早点到，中午一起吃饭。"一看时间尚早，11 点多到达先生家中，请他楼下小酌。饭后回到家，泡好茶，仍然是一坐 5 个多小时。先生从最细节处入手，将我选题的核心处点明，然后由内向外，渐渐使得研究的视野打开，思路也由此清晰。很多次，讲的很多节点都是非常有研究意义，可惜我才疏学浅，总是不能在这一思路下深入下去，有的干脆就浅尝辄止，实在有愧于先生的期许。

　　开题过后，时值川大在青城山举行道教文化节，有幸又得见先生。晚饭后一同散步，先生仍不忘前日所谈问题，又给我提供了几条线索，才知道我几日前走后，先生专门拿出两天时间，翻检了很多资料，于是又有了青城山下的长谈。

　　在之后的时间里，与先生相见次数就无法一一列举了，每次见面，总会有新的收获，会有很多意外的惊喜。不觉间，已是 2017 年。论文完成后，特向先生请教。最后评审时，学校始终联系不到先生，多方打听才知道住进了医院。本想论文答辩不敢打扰到先生休养，到家中拜访时，还没开口，先生就问我答辩时间，待我汇报完，说怕影响到他休养，话没说完，先生就说："三年前我就答应你了，一定按时参加！"此话一出，只有感动。

　　5 月 9 日，我被安排到下午场，考虑到先生身体不好，上午与师妹申琛开车去管庄接先生。那时先生气色很好，临行前师娘还特意给先生准备了一些零食。但繁忙的一下午，先生始终没有能够加餐。待到晚宴，先生仍坚持与我们一起就餐，之后与广保师一同回家。一路上，两位先生聊了很多。没想到竟成永诀。

　　先生这几年，念念不忘的是想恢复"大汤门"的联谊。他的这一想法，因为种种原因，也一直未能付诸实施，不能不算是一件憾事。希望在将来，能有机会将此遗愿完成。

　　愿先生千古！

追忆导师王卡先生

李贵海

转眼间，导师王卡先生离我们远去已有半年时间，而我的博士后进站合作时间也已过了一年有余！其间，总想写些东西倾诉心扉，以期表达对王老师的尊敬与思念之情！然每次提笔，思绪万千，总是不忍也不愿回忆过去往事，不敢相信这件事情竟然真的发生了！而今，时值各位师友积极参与王卡老师文集整理及出版工作，我痛定思痛，鼓起勇气，回顾随王老师求学与交往的点点滴滴。

记得第一次听闻王卡老师名讳，大约是在 2015 年 6 月，当时我在湖北劲牌有限公司负责公司传统医学对生命健康饮食产品的开发与应用工作。十多年的临床工作经验和公司产品研发经历，我深感自己传统医学临床思维和眼界急需得到拓展和拔高。恰在此时，一位挚友告诉我，医道同源同流，中国社会科学院世界宗教研究所的王卡先生是当今国内外少有的一位道家与道教文化领域大家，若能得到他的指导，我的医道哲学思维和文化造诣将会得到很大程度的提升。听完这话，由于对医道文化知识的追求与喜爱，我一直期望能早日有机会见上王卡老师。终于，在 2016 年 4 月 25 日我如愿见到了传说中的王老师。也是在这一天我有幸正式进入"道学王门"而成为王老师门下也是社科院自建院以来第一位道医博士后。还清楚地记得在 2016 年 10 月办理完进站手续后，在王老师组织下，我与道教与民间宗教教研室各位老师一一见面认识，并与王老师门下在场各位学长相互交换了个人信息。之后，王老师笑言到：随着李贵海的加入，我们室研究道家与道教文化的"神仙"终于聚齐了！并语重心长地叮嘱我说：李贵海，你以后无论是做人做事还是做学问，要多亲近你赵哥（指赵敏）。

道教医学的研究与成果开发及应用工作是王老师多年来的夙愿。2017年4月18日，王老师拟定的"道医精华"文献整理及编撰工作启动仪式在中国中医研究院西苑医院陈可冀院士工作会议室举行。该启动仪式由中国道教协会李光富会长牵头，王老师团队和西苑医院陈可冀院士分别担当道家与道教文化和中医药文化领域项目编审工作。会议上王老师明确提出，道医精华的编写工作，应首先整理出道医籍的相关书目，并在此基础上提炼、界定道医概念，分门别类，依次推出道医文化普及系列、道医基础理论系列、道医成果及应用系列三部分内容。其中，道医文化普及系列可在短期内出版上市，也可作为当前国内各道教宫观宣传弘扬道教传统养生文化的基础素材。而后面两部分内容则可根据后续编撰整理过程中遇到的实际情况做适当调整。对于道医书籍目录的整理工作，王老师给出三点明确的指导建议：首先，以黄老思想为指导；其次，明确为道士所著；再次，书中包含有明确的道家或道教治疗疾病的方法和手段，如斋醮、祝由等。

　　这里值得一提的是，在道医籍里面涉及不少祝由医学内容。而王老师对祝由医学也有自己独到的理解和认识。王老师言到："祝由医学的存在及其实际治疗效果和意义是值得肯定的。我曾在福建采取随机双盲的方法亲自观察祝由医学治病的疗效，对于这些我们不能盲目迷信，也不能随意否定，今后可以从学术研究的角度探索性研究、挖掘其中的本质。"王老师建议，对祝由医学的研究，可以从现代的量子力学、生态学和西方国家的精神心理学三方面综合考虑其中的现象和规律，揭示其科学合理成分。

　　王老师求真、务实、严谨的风范为业界内外所熟知！自己做学问呕心沥血，学而不厌；教书育人，诲人不倦。终于，2017年5月8日，他累倒在自己上班去的地铁上！幸好身边有师母在，抢救及时，并无大碍！出院以后，我与中道协刘传鑫道长商议，为王老师拟定后期治疗及康复计划方案并付诸实践，得到王老师积极配合。2017年6月16日一早，我与学长赵敏研究员一同前往朝阳区东卫城探望王老师及师母。当时，见他气色及身体恢复不错，王老师看到我们后愉悦之情溢于言表，亮出自己的手和腿脚说道：你们看，我现在身体恢复多了，肌肉都重新长出来了！李贵海是我这么多年以来所见到的从事医学研究相关工作者中唯一一个"敢动手"的人！其间，王老师眉飞色舞，口若悬河，滔滔不绝，以至于师母尹岚宁女士在一旁不住地说："你们王老师只要一见到学生就像是打了鸡血似的！"王老师那天的话语对我研究道医思想的启蒙与指导，可谓是画龙点睛，一语中的，启人至深！

天不假年！令人痛惜和遗憾的是，没想到这次面授也是我所得到王老师最后一次系统的传道授业解惑机会！2017 年 7 月 16 日晚 10 点左右，突然惊闻赵敏师兄说王老师在林芝可能不行了！突如其来的晴天霹雳，我简直不敢相信自己的耳朵！我们稳定心绪，我焦急而无奈地看着赵敏师兄动员了他一切可以动员的关系和资源，只是期望奇迹的发生！时间一分一秒地过去了，无奈的是，王老师在距我们远隔千里之外的林芝，在时间和生命赛跑的轨道上，赵敏兄的一切努力、我的焦急而深情的祈祷都显得那么苍白无力！最终，医院还是下了死亡通知！转瞬间，赵敏兄协调好相关事宜已是 2017 年 7 月 17 日凌晨 3 点左右，稍稍打个盹，我们于 2017 年 7 月 17 日凌晨 5 点准时起床出发，飞往成都转去林芝。心情急切，期盼能早点见上王老师，也一直祈望奇迹的降临！

2017 年 7 月 18 日，我们与赵文洪书记带领的团队在林芝一起看望了王卡老师亲属并商议遗体告别事宜。最后决定：王卡老师遗体告别仪式在拉萨举行，由赵敏师兄和李志鸿副主任护送王老师遗体先行赶往拉萨，其余人员休整一晚，于 2017 年 7 月 19 日在赵文洪书记带领下向拉萨进发。西藏有很多迷人的地方，也有很多神奇的地方。而当时对我来说，面临的最大问题莫过于高原反应对我们的挑战！虽然赵敏师兄在临行前特意与我分享了他关于高原反应的应急处理经验，并给我们备置了高原反应常用应急药物和针灸针，但初次面临高原反应随时可能出现的变数以及旷无人烟的地域环境和几乎为零的医疗救护措施保障，回忆起当时的情况，至今仍心有余悸！

赵书记带领的队伍中，包括客车司机在内共计 14 人，从林芝到拉萨全程 400 余公里。一般情况下，中巴车从林芝到拉萨所需时间为 8～9 小时，行车区间海拔跌宕起伏，途经米拉山口海拔 5014 余米。出发当天适逢中印对峙期间，边关例行正常身份查验工作。我们的车子刚过了米拉山口就滞留不前了！这一滞留不要紧，迫使我们在海拔 4000 米的高山上等待了整整三个小时！大家本就心情悲痛再加上在海拔 4000 余米的高原上一动不动，有些师友开始出现了不适反应！此外，天公不作美，也在此时降下了冰雹和雪！此刻，我强压着内心的焦躁，不停地打量着大家的神情和反应，询问大家的感受，唯恐意外发生。在此期间，最让我感动和佩服的是赵文洪书记面对高原反应危险的沉着、冷静和智慧地处理大家面对高原反应威胁时的乐观态度。当时，我在副驾座位上清楚地看到坐在前排座位上的赵书记嘴唇发紫，面色晄白，还在不停鼓励大家稍安毋躁，并不断地为大家通报说：我们现在所处位置海拔高度为 4200 米。同时，他还不停地为大家讲着趣味故事以期平复大家的焦虑和郁闷心情！在那时那刻，赵书记手表上的海拔数字在 4200 米左右晃动！尽管如此，我们队伍中的人员在当时还是出现了感冒发烧、头晕、心慌等不同症状的高原反应。我针对大家的症状表现及时采取必要的防护措施，提议大家尽量压制悲痛，平心静气，减少一切不必要的活动，并分别为苏冠安处长服用了感冒药，为王皓月师兄、申琛学妹等人提供了高原安和复方丹参滴丸，赵敏师兄分别时给我们配置的救急针药亦在此过程中及时有效地发挥了作用！终于，我们历经十余小时，在当天晚上 10 点左右抵达了拉萨，我的悬着的心，终于放了下来。休整一晚后，20 日顺利办完了王老师的遗体告别仪式，为避免出现不适和意外，我们一行人立即返程回京。

跟王老师相处的时间虽然只有短短一年时间，但他对我的学术指导使我受益良多！王老师为我设定的道医研究思路和计划也得到了现任导师魏道儒研究员的认可和支持。王老师的思想和精神像长明灯一样指引和照耀着我前行，相信在不久的将来，一定会开花结果！王老师，你未尽的愿望我会继续，你一路走好……

·宗教界·

深切怀念贤良之师——王卡先生

孟至岭*

　　尹老师，各位专家、学者、老师们，各位朋友，今天我们怀着沉痛的心情在这里追思王卡先生。我认识王卡先生比较晚，因为我原来在山里，回北京比较晚，我以前主要是在一些道教界举办的活动上或者什么会议上同王卡先生有过见面，后来逐渐熟悉了。根据我的印象，最开始接触他时，发现他学问大，学问很大，还从他开会发言当中发现他治学非常严谨。后来接触多了，又发现他的人格、人品，都是非常好的。这么大一个学者，一点架子也没有，做什么事还都那么认真。尤其是对我们道教界的教徒、对道教事业那么尊重，对我们的信仰那么尊重。所以，我从内心里非常敬佩王先生。后来知道长期以来王卡先生对我们道教界给予了非常大的支持和帮助，尤其是对我们道教典籍文献的挖掘、整理、研究，做出了巨大贡献。

　　王卡先生是国内国际知名的道教研究专家。他长期对我们道教界的帮助，赢得了我们道教界对他的敬仰和爱戴。整个道教界，可以这么说，没有不知道王卡先生的，都知道他是个大学者，并且对他是非常非常敬仰。另一方面，他对我们中国道教教育事业，也是长期给予了非常大的支持和帮助，长期以来为我们培养人才也做出了巨大贡献。在刚一开始决定让我主持中国道教学院的时候，那个时候是个假期，在这个假期当中我就开始要为中国道教学院聘请特聘教授，首先就想到了王卡先生。跟他联系的时候，他欣然答应了，我非常高兴，这也是我们中国道教学

---

　　*　孟至岭，中国道教协会副会长。

院的荣幸。后来连同其他一些学者，由我们中国道教协会出面，聘请为我们中国道教学院的特聘教授，同时还聘请为我们这一届研究生的导师。王卡先生给我们带研究生，给我们中国道教学院的这一届研究生，他在百忙当中都能抽出时间，连续为我们上了两个学期的课。我们整个中国道教学院的全体师生非常感动，也非常感谢他。当然不想王卡先生突然就这么走了。我是知道他的消息比较晚的，因为这个暑假开始以后，我就去欧洲三个国家讲学 20 多天才回来，实际上他去世的时候我是在法国，然后来到比利时。我从比利时刚到西班牙，7 月 27 日，这个时候距离王卡先生 16 日去世已经十多天了，我们中国道教学院一位老师转给我王卡先生追思会的消息。因为我在欧洲也没有上网的习惯，也不方便上网，手机微信没信号，所以，国内的消息一点都没有。那么到了 27 日，我们一位老师给我发来这个追思会的消息时候，我非常惊讶。我说王卡先生怎么回事？去世了？哎呀，当时我非常悲痛。正好当时我讲学刚下课，是下午刚下课，我就在那愣着，愣了半天，怎么都想不到，王卡先生怎么会去世？当然，这是一个事实，我又问了那个老师，我说这是真的吗？他说我能跟你说，当然这个消息肯定是真的了。当时自己还写了一副挽联，自己写了点东西，对王卡先生表示一种深切的悼念。我才回来没几天，正好，我们张会长说，那个追思会，你去吧。我说那当然要去了。就这样来了。

今天我们还在假期，在后边坐的，都是王卡先生在中国道教学院研究生班的学生，有的就是他带的研究生。所以，我们都是整个道教界和我们整个中国道教学院，对王卡先生的去世，表示非常的悲痛。王卡先生这么一走，不仅是整个道教研究领域的一大损失，同时是我们道教界失去了一位非常真诚、非常善良的朋友，一位老朋友，我们中国道教学院也失去了一位贤良之师。所以我代表中国道教协会和中国道教学院，对王卡先生的去世，表示深切的哀悼。同时，也希望王卡先生的家人，节哀顺变，保重身体。

我们深切怀念王卡先生，王卡先生永远和我们在一起。

悼念缅怀卡兄王先生

袁志鸿[*]

首先，敬请王卡先生的夫人尹老师节哀顺变，我们真诚希望您保重身体！

主持人、中国社科院宗教所领导，各位专家学者和参加追思会的朋友们：

"卡兄"，是我与王卡先生见面时对他习惯的称呼。实际上我要比王卡先生痴长一岁，在心里一直认他是可以交心的好兄弟、好朋友！

中国道教协会搞60周年活动，我在职工之家住了一晚，第二天早晨正在餐厅准备用早餐，中国社科院宗教所道教室汪桂平主任告诉我说：王卡先生在西藏灵芝身体情况不好！并说与宗教所书记几位马上要往灵芝赶过去。我以为汪桂平主任是女士，一定是将事情说得严重了！因为2016年我与王卡先生一起参加北京市政协民宗委《北京民族宗教史话》一书的座谈会，王卡先生迟到了，过去多次在一起参加文化性的活动，都听到他那高八度特有的嗓音，有时夹杂其中还有他那特有爽朗的笑声，但《北京民族宗教史话》一书座谈会，他不仅迟到，也没有发言。我甚觉奇怪，座谈会结束，他也没有站起身来走人，我于是走到他的座位前询问说："卡兄：今天怎么迟到了？"他声音低沉地告诉我："还迟到，差点危险了！"原来他来参加座谈会的路上，下地铁时因低血糖，晕倒在地铁站了，幸好在场有人救助才未发生危险！回到家我与贱内说："王卡的妻子和孩子都在新西兰，他自己忙家务，还要带学生，自己还要做学问，真不容易！"贱内说："世俗社会，家家有本难念的经，专家学者也不容

---

* 袁志鸿，中国道教协会副会长，北京东岳庙住持。

易!"这件事说说就过去了!我那天在中国道协参加活动,大概到中午的时候,张阳博士用微信告诉我说:"王卡老师昨天下午在灵芝走了!"我回他微信说:"不要乱讲!汪桂平早上说正送医院抢救,她们已经赶往灵芝。"后来进一步确证王卡先生仙逝的消息后,对我震动很大!首先在心理上这是不能接受的事,因为受南方朋友委托,我邀请的几位国内有影响的学者,去南方的授课讲学计划,其中就有王卡先生,并且经协商已经得到王卡先生本人的同意,这件事很快就将实施。还有大家知道,我们编纂《北京东岳庙志》这部百万字的著作,王卡先生是我邀请的副主编之一。《北京东岳庙志》2017年年底出书,现在正有许多的事情待商讨,他竟匆匆地走了,他才61岁的年龄,真的使我很伤感!

与王卡先生我们有几十年的交情了!回忆起来,我与他的认识很早,我是道士,他是学者,我不明白的学问和问题会向他请教,他会毫无保留地给我讲得很清楚,我们相互间有不同的想法也会争论,那是友好和相互尊重、相互信任状态下的争论,他知道我们之间的争论不会造成学界与教界的隔阂,相反更增加相互间的了解和理解,因为我们是朋友,我们争论的内容属于我们相互之间,永远不会扩散,就在我们自己的范围,结束了大家会心一笑,恢复常态,友谊永恒!因为他研究道教,所以我们许多时候都有共同的场合、共同的朋友、共同的话题。比如,我们曾一起应邀到中国政法大学去参加"华岩论坛",我讲道教对当代中国人的价值和意义,他讲历代王朝对宗教的管理政策。前年王卡先生带研究人员到新疆考察调研去了,我为提升道教界素养,办了个《凝眸云水》杂志,其中有"一带一路"的栏目,我对王卡先生说:"卡兄,就新疆调研的情况,围绕'一带一路'的主题,到东岳庙来开个座谈会吧。"很快就得到了他积极的回应!2015年12月25日上午"中国社会科学院宗教研究所新疆调研座谈会",在北京东岳庙如期召开。座谈会上王卡先生说:"'一带一路'西行的路线,主要是新疆、西域和东亚这条路,历史上既是一条商贸的路线,也是宗教文化交流"的路线,"是多民族,多宗教文化交流的线路,""西域的波斯宗教——火神教、摩尼教、景教也是顺着这条路线从西域进入中国,中国佛教的来源一般说是来源于南亚,但主要是来源于西域,中国内地的宗教儒教与道教也是顺着这条线路往西域传递"。他说：道教西行弘道的过程中，有两次影响较大的事件：一次是"传说中的老君西行"，一次是全真教丘祖西行。王卡先生道教研究底蕴深厚、知识渊博，他引经据典、远譬近喻，深入浅出地阐述和解析"一带一路"新疆这个地域中，道教文化传播的历史考证，他说，"在唐代，《老子》（就）正式传播到西州（吐鲁番地区）、敦煌一带。敦煌出土的道经写本也可以证明。这次调研去吐鲁番也看到了一些高昌时期在吐鲁番地区传播的遗迹及写经的图片，文字，文物上也有一些留存。唐代经营吐鲁番的时候，也促进了汉文化与新疆的交往，留下的遗迹比较多"，当时在新疆就有汉族的道士。历史上就有中国的道士到西方传授中国的经典，"如王玄策道士西行"。那一次座谈会中王卡先生关于道教与新疆、与"一带一路"的史实、价值和地位以及当代道教在新疆的事实讲了很多。座谈会后，我们将之整理成《纪要》，发表在《凝眸云水》2016 年第 1 期，发表后读者给予积极的好评，尤其是道教界读者认为：王卡先生关于新疆道教历史和现状的考察，进一步提振了道教界参加国家"一带一路"战略的积极性！

　　王卡先生是当代很有影响和声望的学者，但是他待人谦虚诚恳，处事非常低调。他关心道教的文化建设，较早关心并提出编道教大藏经的事情，他与我在一起就这件事也有两次讨论和行动。一次是我应邀到社科院参加王卡先生主持为一位硕士研究生作毕业论文答辩，中午在一起就餐，他与我认真地谈起关于编"道教大藏经"的事情。第二次是 2015年中国社科院宗教所举办"北京宗教与和谐社会建设高峰论坛"会议期间，因为国家宗教局有领导来出席会议，王卡先生将亲拟的关于编纂"道教大藏经方案"托我转呈国家宗教局领导；我说：你也参加会议亲自送交吧！他笑笑说：还是你交好。通过这件事可以看出，王卡先生处事低调的风格。后来编"道教大藏经"这件事，得到中国道教协会的重视，国家宗教局也给予肯定和支持，当年年底中国道协安排参加统战部的团拜会，其间会长、副会长也就此一起向中央相关领导提出，得到领导的认可；会后我也将这一进展的情况告诉王卡先生，他也非常高兴。王卡先生待人的谦虚诚恳，我也亲有体会：2016 年初我们《北京东岳庙志初稿》成，我邀请全国各地许多专家学者来北京东岳庙，就这部《志》的初稿座谈评审，因王卡先生事先曾对我说了一句他"要到新西兰去与家人团聚度年假"，我也就此对安排"评审"具体事务的"庙管会"人员说了那么一句，所以邀请时就疏忽了，汪桂平主任到会后告诉我：王卡先生因故耽误了行程。卡兄并不因此而有任何想法，"评审会"后我请他在一起坐，并告诉他：《北京东岳庙志初稿》已经完成，大家认为《概述》尚显平缓，就请卡兄动如椽大笔为我修补吧！他毫不犹豫地一口应承，时间不久他就改定文稿反馈给我。我对他说：本人东岳庙住持，《北京东岳庙志》当然的"主编"了，但总不能让我做孤家寡人吧，请两位副主编，委屈阁下给我做其中之一吧？他说：我做副主编又不是第一次了，有什么委屈不委屈，就听你安排吧！所以王卡先生也是我们即将出版的《北京东岳庙志》两位副主编之一，所以说到这里，我的心中不由得更产生对王卡先生由衷、深深的缅怀！

与王卡先生在一起相处的事情很多，在这个追思缅怀的场合，所以想讲的话也很多！但是王卡先生的朋友、同事、他的学生都很多，想讲话的人当然也很多！总之，千龄厌寿，我认为：在历史的长河中，无论寿算多少，都是白驹过隙！实际上，人生不在于活得年龄有多大，而在于干出的事情有多少，对这个社会贡献有多大。有人说：人生不在于长度，而在宽度、高度和深度。我要说：卡兄经历人生虽然只有仅仅61个春秋，但是他对文化、对学术、对社会、对道教界以及对道教的文化事业的贡献都很大！我们道教界真诚地缅怀和感谢他！苍穹白云，天高云淡；金童举幡，玉女撒花；清风缕缕送清魂，仙鹤摆座来接应；一炷心香，送卡兄，逍遥去赴王母宴！

再一次敬请王卡先生的夫人尹老师节哀顺变，保重身体！

纪念王卡大师

周金富*

我初识王卡大师是在 1984 年初的北京白云观，当时我还在中国道教协会主办的道教知识专修班第二期学习。

1987 年，我又回到北京白云观，任北京白云观导游组的专职导游员。由于信仰道教的原因，本人十分喜爱收藏道教经书，在中国书店也购买过很多

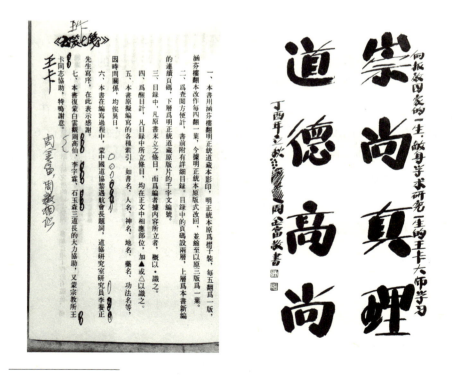

* 周金富，道名高仙，德国国际道家与道教协会终身高级总顾问，曾任北京城市学院气功与传统医疗专业道家功法指导教师、《世界科学技术杂志》总编、河南省邓州市道教协会会长等职，主要研究领域为道教内丹学与地理环境学。

线装书，并在此基础上研究道教典籍的版本目录。在此过程中，由中国书店雷梦水先生引见，我认识了中国社会科学院语言所图书馆的阎征馆长。我曾建议阎馆长出版一些道教方面的书籍，并提议可以先出版素有"小道藏"之称的《云笈七签》，得到了阎先生和诸位学者、道长们的一致认可。

正是在《云笈七签》出版和发行的过程中，我与王卡大师相识并建立了非常深厚的感情。当时王卡大师还很年轻，好像正在读博士。他很重视对《云笈七签》的整理，提出过很多好的建议。当时，我们一起参与此事的，除了阎征、王卡两人以外，还有吕京、杨晓谦等诸位先生。在《云笈七签》出版时，我特意请中国道教协会的三位恩师黎遇航会长、王伟业秘书长及李养正先生题字、作序。当时白云观的道友石宇森道长和李宇林道长也都表示了支持。

从1984年至今，我认识王卡大师已有33个年头。至今我手中还保存有王卡大师的不少手稿，其中包括《中华道藏》的一校稿、二校稿。虽然他已驾鹤离去，但他的音容笑貌将长存于我的心间！

愿王卡大师千古！

沉痛悼念王卡先生

郑利华*

尊敬的各位领导和各界朋友：

今天在这里悼念王卡先生，深感哀痛。

多年前初识王卡先生，是因赵敏博士的引荐，当时我们正联系中国社会科学院世界宗教研究所在柳市堂设立调研基地一事，在赵敏博士的安排下，我第一次接触到王卡先生。虽然王卡先生一直潜心于道教研究，在此之前并未和基督教有太多交集，但那次见面却让我备感他的谦和和接纳。2013年2月，柳市堂举行落成典礼时，王卡先生带着夫人和学生刘志博士拨冗出席，更是让我受宠若惊。

中国社会科学院基督教研究中心温州柳市调研基地成立后，2014年9月，王卡先生来我堂举办了"本土文化与外来文化的共融"专题讲座，分析基督教作为外来宗教之一，在中国发展的可行路径，并设身处地给柳市堂提出了宝贵的建议。2016年10月，王卡先生再次于我堂开设"从理论和实践上探索基督教中国化的路径问题"的专题讲座，给我们介绍了中国本土信仰的概况，以及基督教在发展过程中如何与所处文化交融、并进。

王卡先生虽为中国道教研究权威，却仍这般关心基督教的发展问题，可见他的胸怀，他运用自己所擅长的对本土文化的研究，和他学贯东西的才学，为柳市堂提出了许多建议，现在想来，真是先生的一片善心。

7月16日那天晚上，曹中建书记和赵敏博士正于我家中小坐，10点30分左右，赵敏博士从朋友那里突然得知王卡先生病危的消息，大家都

---

* 郑利华，温州市基督教柳市堂长老。

为抢救王卡老师想办法，赵敏博士立即通知林芝人民医院的朋友把王卡老师拉到急救室，后来对方告知我们，王卡老师瞳孔已经散了，希望不大，并斥责赵敏博士为什么王卡老师已三年没进藏了，这么危险的事进来了都不通知她，随即专家们投入抢救。11 点 15 分许，赵敏博士的那位医生朋友带着哭腔在电话那边讲：赵老师，我对不起你，我们没有能力把你老师抢救过来了！赵博士在电话里请求：再做最后的努力！11 点 30 分，林芝医院的电话告知我们：王卡老师抢救无效，于 11 点 30 分走了。我们大家对这个事实都难以接受，我们只能相互安慰。事情既然发生了就要面对，赵敏博士立即把这个噩耗通知了所里的领导和相关人士。我们尽量安慰赵敏博士让他不要太自责，曹中建书记对赵敏讲了三点。一，所里与王卡老师有关系的人，只有你有一定的高原经验，不管是赵书记，还是卓所长带队上林芝去致丧，你都必须去，不能把自己当外人，这件事既是你老师的事，也是所里的事。你要根据具体情况，建言献策，给带队领导当好助手。二，在处理事情上，要本着事情已经发生了这个事实来解决，处理好家属和当地医院的事情。三，致丧队伍是完整上去的，你必须全力协助领导把队伍人员完好地带回来！高原反应是很危险的，千万别再节外生枝！赵敏需要前去西藏一趟。我尽快为赵敏联系了 17 日最早回成都的航班，并协助赵敏博士电话处理致丧的相关事宜到凌晨三点多。祈祷祝愿大家西藏致丧之行平安顺利！

我们柳市堂为失去这样一位良师而感到痛惜，在此，谨向王卡先生表示沉痛哀悼，并向其亲属表示亲切慰问！

王卡先生千古！

纪念王卡老师

黄新华*

　　7 月中旬，手头正忙着"2017 海峡两岸道教文化与台商精神家园研讨会"的筹备工作。眼看着会期一天天临近，许多邀请嘉宾的与会论文还没有发过来，正想着该通过什么样的方式向他们催稿，这其中，就有在会议筹备前期，教内几位领导专门点名要请的王卡老师。17 日早上 9 点多，忽然看到陈霞老师在"道教学术探索"微信群中发消息说：王卡老师仙逝。第一反应是：怎么可能？但坏消息很快就得到了证实。脑中一片愕然，6 月份还在微信朋友圈里看他参加学术沙龙，依然是精神奕奕的样子，当时还想着无论如何要请他来参加"2017 海峡两岸道教文化与台商精神家园研讨会"，不承想，先生就这么走了。

　　还记得初入道门时，面对手头《敦煌道教文献研究——综述·目录·索引》和《道教文化 100 问》两本风格完全不同的书纳闷，这是一位什么样的老师呢，既能出入浩瀚的敦煌文献，写出严谨细致的学术著作，又能连贯道教史，写出通俗易懂的普及性书籍？而看到书中"师从王明先生，1989 年获哲学博士学位。现任中国社会科学院世界宗教研究所道教研究室主任，研究员、博士生导师"的介绍后，内心顿时便多了几份崇敬，想着什么时候能够当面聆听他的教诲，那该是多幸福的一件事啊！

　　机会很快就来了，进入道教界后，很快我就在一次研讨会上见到了王卡老师。初次见面，虽然有刘仲宇老师专门替我引介，但是王卡老师给我的第一印象颇有些清冷，如同高居于世外桃源的仙真，不苟言笑，

---

　　*　黄新华，苏州市道教协会秘书长。

让人觉得有些拒人于千里之外的感觉。对于刘老师的介绍，他只是略一侧目，发出一声简单地"嗯"字，和一句"现在教内还是缺从高校出来的道长"后，便无赘言。

以后，在各种会议上，与王卡老师见面多了，便也不再觉得他清冷，反倒是觉得他风趣幽默。记得有一次他与几位老师开玩笑，说起招学生，他半开玩笑地说，招学生还是要招年轻一点的，不然和学生一起坐车出去，不认识的见了面都不知道先和谁握手。每次见面时，也不再觉得他拒人于千里之外了，他偶尔也会问我最近在读什么书，在听说我在看什么书后，也会提醒该注意什么问题，或和什么书结合起来看。

在各种会议上，王卡老师常常能够提出独到的见解，这也使得我在各类研讨会上，特别是在会后茶歇或者参观时，尤其喜欢跟在他身后。比如2014海峡两岸（济源·王屋山）道文化合作论坛上，在参观的途中，我都跟在王卡老师的身边，听他讲关于王屋山的典籍记载、讲他十几年前到王屋山时的所见以及与今天所见的不同。而尤其让我印象深刻的，是他对于道教环保思想的观点。那两年，随着环境问题的凸显以及党和国家对环境保护的日益重视，如何弘扬道教的环保思想助益环境保护成为教内外的热点话题，而当时我自己对于这个问题的认识多集中在奉行道法自然的法则，追求人与万物平等，即尊重万物生长变化过程的自然本性，不以人为的强制方式去破坏这个过程的本来面目，做到"辅万物之自然而不敢为"。在参观济源济渎庙的过程中，话题转到环保问题时，王卡老师说，人与万物平等的环境保护观点是非人类中心主义的观点，现在我们在说要发挥道教的环保思想解决当下的环境问题，如果是站在非人类中心主义的立场出发，那肯定是不行的，因为当我们在讨论环境问题的时候，他的出发点就是人类中心主义，解决环境问题是为了人类能够可持续发展，是站在以人类利益为中心的立场上的，这显然不是非人类中心主义所能够解决的。王卡老师一路参观，一路娓娓道来，从他那里，我才认识到，道教的环保思想不仅仅只有非人类中心的立场，也有从人类中心主义立场以及弱人类中心主义立场出发的。

王卡老师还亲自参与了多次在苏州举办的研讨会，其中，2012年"陈国符先生与中国道教研究"学术研讨会和2013年"铁竹道人施道渊与江南道教"学术研讨会,王卡老师更是作为会议主办方参与其中。

2012年,为了纪念出生于苏州常熟的《道藏》研究领域及中国炼丹史的世界领先学者与权威,常熟真武观联系王卡老师,在8月20日顺利举办了由中国社会科学院世界宗教研究所、中国道教协会道教文化研究所主办,江苏省道教协会、苏州市道教协会协办,常熟真武观、江苏隆力奇生物科技股份有限公司承办的"陈国符先生与中国道教研究"学术研讨会。时任全国人大常委、中国社科院学部委员、中国宗教学会会长、世界宗教研究所所长卓新平,中国道教协会副会长丁常云、林舟、张凤林以及来自中国社会科学院、中国道教协会,上海、山东、四川、江苏等省(市)的专家学者,以及各省和苏州道教界人士共50余人参加了研讨会。会后还在常熟真武观树立了陈国符铜像。

在2012年研讨会取得圆满成功的基础上,2013年9月,在吴中区穹窿山上真观工程竣工暨神像开光的活动中,为了纪念和弘扬明末清初苏州高道施道渊,苏州道教协会再次联系王卡老师,于9月17~18日顺利举办了由中国道教协会、中国社会科学院世界宗教研究所主办,江苏省道教协会、苏州市道教协会、苏州市吴中区道教协会、苏州市吴中区穹窿山上真观承办的"铁竹道人施道渊与江南道教"学术研讨会。那次研讨会的许多会务工作都有李志鸿老师负责,但是王卡老师在开幕式代表主办方——中国社会科学院世界宗教研究所发言,并对研讨会作了总结。在开幕式上,王卡老师回溯了以太湖洞庭山为中心的江南道教在东晋南朝的上清灵宝派和清代的两次兴盛期。在提到通过对宫观志和碑文记载研究施道渊祖师融合正一和全真复兴苏州道教的问题时,王卡老师提出,需要结合清朝帝王《起居注》《清实录》《清会典》等朝廷正史和地方史志资料对施道渊进行综合深入研究。

在闭幕式上,王卡老师在总结研讨会所提交的论文、肯定研讨会取得的成果的基础上,对苏州道教的文化弘扬和宫观发展提出了三点建议:第一,他希望苏州道教在恢复道教名胜宫观的同时,要注意对道教宫观史志、碑刻等文史资料的收集和保护,既要注重对有形宫观的恢复,也要注重对无形文化的保护;第二,他提出要注重吸收西方宗教学、社会学、人类学以及田野调查等方面的长处,把他们融入道教研究中,在思想史之外，进一步拓展道教音乐、金石碑文、斋醮科仪、文学图像等领域的多元化研究；第三，他结合当时道教界正在积极开展的道风建设，倡导道教学术研究也要提倡朴实简约的"文风"。

在那次活动上，还举行了苏州市穹窿山上真观道教文化研究中心的揭牌仪式，按照王卡老师在会议总结上的要求，吴中区道教积极挖掘吴中道教文史资料收集，参与出版《吴中宗教》。目前，《吴中道教》一书也即将付梓。

从常熟到吴中，再到昆山，本想着相隔4年后，可以再一次请王卡老师来苏州参加会议，向他汇报苏州道教这几年在道教文化弘扬方面的进展，近距离地聆听他对于事物独到的见解，不承想，这份会议邀请却再也收不到他的回执了。

（本文原载《江苏道教》2017年第3期）

追忆王卡老师

葛宗玄

我是王老师中国道教学院的学生，今天赶到北京参加老师的追思会，由于定的当天返回武当山的车票，很遗憾没有能参加下午的追思活动。

王老师给我们上课，总是穿得很简单朴素，甚至是洒脱，无心于外饰，专注于学术，在讲课的过程中我们见识了大学者的博学、根基深厚扎实，见识到他立足本位、传承思想的责任感，他不媚俗，不迎合，不附势，执真而口直，令学生等深深敬服。

王老师对学生都是悉心地教导，对于知识的不同见解他都是引用大量史料，论证自己的观点，只争理论的是与否，不计个人荣辱，虽是大家却治学严谨。记得最后一次在中国道教协会举行的学术沙龙上，他对于道教字派谱的问题谈自己看法时，结合自己家门族谱的考证，多次用"我推断""可能"等词语，让我感受到老师的严谨求实的态度。

王老师关爱学生，记得我们研究生拜师宴上，我们敬酒的时候他对我和黄师兄说："以后你们到我那里吃饭，学生跟老师吃饭是应该的，我的先生王先生就是这样对他的学生的。"说的我心里无比的幸福和感动。然而，我再也没有机会见到您，跟您一起用餐，听你的教导了！

当知道老师去世消息，却已经没有时间去见老师最后一面，我的心里十分伤悲，却无法用语言表达那种黯然阴冷的感受，那一刻，我才知道，虽然师生缘分很短，但是您的光辉早早照亮了我的世界！

老师持身正真、学术纯真，活得率真，来去洒脱已是合道天真，祝老师安息！

怀思动哀歌

——追忆王卡老师

李合春[*]

　　我与王卡老师曾有数面之缘，耳畔至今犹自回响着他的谆谆教诲。2011 年夏天，王卡老师在赵敏博士的陪同下，专程来到成都凤凰山至真观同我交流黎元兴、王玄览等先贤的事迹。我向王卡老师讲解了黎元兴、王玄览二位先师在至真观的相关事迹，并且提出了自己的一些疑问与困惑。王卡老师详细地解答了我提出的问题。他指出，隋唐之际道教义理之学有了重大发展，并且出现了一批被称为"重玄学派"的道士。唐初时期，京城长安及荆、蜀等地涌现出一批著书立说的高道。其中，黎元兴、王玄览二位高道堪称当时的教界翘楚。他们二位先师，不仅用他们的一生致力于弘道传法，而且为世人留下了《海空经》和《玄珠录》两部重要典籍，因此在中国道教史上占有重要的历史地位。《海空经》全名《太上一乘海空智藏经》，"一乘"即普度众生的最上乘法，"海空智藏"则是"其身如海，其心若空，理包物外，是为智藏"的意思。该经通过对海空真义的反复论证和持受此经方法的详细阐述，指出修真者能够在虚静无为中逐步达到无为空寂的"一乘海空智藏"之境。

　　王卡老师指出，生于广汉绵竹（今四川德阳绵竹）的王玄览，曾经遍研道、佛二家学说，之后更与整个四川地区的佛教徒进行辩论，无人能敌、远近闻名。机缘巧合之下，王玄览在成都至真观受度成为道士，并且隐居于此。王玄览上承李荣、成玄英的"重玄"思想并进一步有所发挥，是继成玄英、李荣之后又一位"重玄"思想的重要代表人物。王

---

　　*　李合春，四川成都至真观常住。

氏著作颇丰，著有《玄珠录》《老经注》《遁甲四合图》《真人菩萨观门》《混成奥藏图》《九真任证颂》《道德诸行门》《老经口诀》等多部著作，号称"王家八并"，然而只有一部《玄珠录》在《道藏》中得以留存。王卡老师认为，敦煌遗书中有一篇极有可能是上述"王家八并"的残卷，他目前正在进行相关的整理工作。王卡老师特意邀请我下次去北京的时候见面交流，并慷慨允诺将有关敦煌遗书中王玄览著作残卷的整理与研究成果交付给我。

次年春天，在北京隋欣彤居士的陪同下，我专程前往中国社会科学院世界宗教研究所拜访王卡老师。王老师专门抽出宝贵的时间，在他的办公室与林巧薇博士、王皓月博士等众多门徒一起盛情接待了我，并为我详细介绍了敦煌遗书的整体研究现状，以及敦煌王玄览著作残卷的相关研究状况。王卡老师在其著作《敦煌道教文献研究——综述·目录·索引》中，利用敦煌藏经洞发现的道教文献，考察隋唐时期敦煌地区道教发展的历史概况，并且亲自搜寻世界各国收藏的敦煌遗书，全面整理敦煌道教文献，考订并分类著录其中的道教文献，编制出了一份具有较高完整度以及较高实用性的文献目录和收藏索引，王卡老师建议，可以在对王玄览著作进行完善的基础上，搜集并整理至真观历代先师的著作，出版相应的著作文集，这将会成为四川乃至全国教界及学界的一件盛事。我欣然接受了王卡老师的提议，并与他相约一起完成这项颇有历史意义的弘道事业。

2015 年秋、冬两季，我在中国人民大学参加第十届爱国宗教界人士研修班学习，届时中国道教协会在北京白云观开展了公益读书会系列活动，王卡老师是这个活动的主持人。同样是在林巧薇博士的安排下，我参加了其中的两次活动，进一步领略到王卡老师严谨的学风和广博的知识。王卡老师的研究领域非常宽泛，除了敦煌遗书的研究之外，他在道教的历史宗派、经典文献、思想哲学等方面的研究也颇有建树，并且提出了许多发人深省的见解与主张。王卡老师告诉我们，他将在最近几年中通过《敦煌道教文献合集》《道家思想简史》《中国本土宗教研究》《金盖心灯》等著作的出版，体现自己对于先秦道家到近现代两千余年间的道家思想史的建构，以及通过对"中国本土宗教"概念的提出和研究来寻求中国宗教发展的特点，借此来回应西方宗教学界各类观点与理论对中国宗教的质疑与调整。

在我的印象中，王卡老师率真且睿智，气色一向很好，举手投足、嬉笑怒骂皆充满着无限的激情，诙谐幽默，万万没想到刚刚年过花甲竟然驾鹤仙去，实在令人扼腕！中国道教研究领域痛失长城，这不能不视为是学界和教界的双重损失。王卡老师温暖的笑容与亲切的教诲，将会永远烙印在我们这些晚辈后学的心中。我会牢牢铭记王卡老师的教导，继承他的遗志，早日完善至真观历代先师文集的整理与刊发事宜，为教界的学术研究尽一份力。

丁酉年立秋作于成都凤凰山至真观

忆王卡先生与槐轩交往一二事

李廷新[*]

> 槐轩之学融三教于一体，寓神奇于平常，吾辈当发扬光大
> 之。——王卡

2013 年 5 月 23～29 日，成都双流众槐轩学说爱好者在著名思想家、槐轩学说创始人刘沅先生曾孙、槐轩学说继承人刘伯谷先生带领下，前往北京、山东等地开展游学及槐轩学说宣传交流活动。28 日下午，时任中国社科院道教与民间宗教研究室主任、博士生导师王卡教授在中国社科院研究员赵敏博士的陪同下，前往住地拜访刘伯谷先生，与刘伯谷先生就槐轩学说思想进行了探讨和交流，就如何弘扬槐轩文化和优秀传统文化对槐轩学说爱好者进行了指导。座谈期间，王卡先生分析了弘扬优秀传统文化所面临的形势和机遇、面临的挑战和希望。先生对槐轩之学推崇备至，鼓励大家不要妄自菲薄，要潜心槐轩之学的学习研究，当铁肩担道义，把槐轩之学发扬光大，把四川本地优秀传统文化资源——槐轩学说弘扬传承下去。次年，王卡先生赴四川省亲之际，又在刘氏后人刘驰等槐轩后学的陪同下，前往刘沅先生家乡彭镇，与大家品茗座谈，畅论传统文化及当代现实意义，继续鼓励大家把槐轩之学发扬光大。

作为一名道教学研究的著名和重要学者，王卡先生与双流本地槐轩学说爱好者座谈交流期间，没有丝毫让我们感觉到不安与不自在。相反，先生于待人接物中，尽显平易近人、尊老敬贤的道德本色，给大家留下了深刻印象。面对学养、学术都实在不专业的我们，他循循善诱，没有

---

* 李廷新，双流县人民政府保密局主任。

槐轩之学融三教於一体
寓神奇於平常，吾辈
当後扬光大之。

　　　　王卡　2013年5月28日

架子。其遣词用语，都尽量简易直白让大家都能明白清楚，而绝无压抑之感。与先生在一起，大家总嫌时间过得太快。其言论虽简易，然先生在座谈交流中流露出的对中国文化，特别是中国优秀传统文化的高度自信与自觉，却总是久久让人不能忘怀，而时常自觉萌发对中国文化的复兴的信心与期待，此非先生"学殖深厚、道德高尚"而能如此耶？

　　今日，惊闻王卡先生因病于2017年7月16日23时30分在西藏林芝离世，心情无比沉痛，兹简略记录先生与槐轩交往之点滴，以资纪念并缅怀先生对吾辈学习槐轩的鼓励及其在道教研究方面的学术贡献。

王卡，你永在我心

尹岚宁

王卡出身于一个军人家庭。他父亲当兵后随十八军进入西藏，在西藏拉萨和林芝住了几十年，直至离休。王卡的父亲希望儿子也能成为一名军人，当王卡14岁时，就被父亲送去四川军区成都警备区当了士兵。不料，王卡受不了军队的约束，认为部队不自由，当兵两年后他自己申请退伍回家了。王卡因违背了他父亲的期望，惹得他父亲勃然大怒。随后他在成都市邮电局办公室工作了两年。

1975年，王卡进入四川大学哲学系，我与他同窗同组同学了三年。我们班数王卡年龄最小，因他的名字奇特，聪明过人，知识面广而深受同学们喜欢。他的名言是"语不惊人死不休"，课堂上敢与老师争论，课下与同学们海侃神聊。文史哲经、天文地理他都感兴趣，哪里有他哪里就热闹。

1978年我们大学毕业，正赶上教育部恢复招收研究生，他报考了中国社科院研究生院硕士研究生。当时因为不认识招生的导师，他随意选了同姓的王明先生为导师，成为我们班70个同学中唯一考上研究生的，由此决定了他今后的学术研究方向。

1981年硕士毕业后，王卡在中国社会科学院世界宗教研究所成都工作站工作了三年。1985年，他再次考入中国社科院研究生院，攻读博士学位，仍师从王明先生。我清楚地记得，当时他对我说，王明先生希望他从研究中国哲学史转为研究宗教学。王明先生对他说，我国道教研究人才尤其匮乏，作为中国传统文化的重要组成部分，需要有人来传承。但做这一学问没有至少十年冷板凳是做不成的，问他是否愿意，他欣然同意了。他秉承了王明先生严谨治学的学风，这冷板凳一坐就是30多年，直到离世的前一天。

他一生崇尚自由，喜欢中国社科院的工作环境，主要就是自由。他说，时间的自由才能有思想的自由。

我与王卡，从同学相识到结为夫妻共同走过了42年，我见证了他从18岁的意气风发到60岁成为著名学者的成长经历。我感受了他从开始读《道藏》时的痛苦与艰难。刚接触《道藏》时，他说简直就是读天书，它认识我，我不认识它！为了能专心研读，他逐渐养成了昼夜颠倒的生活节奏，几十年来，时常是通宵达旦地坐在书桌前。巨大的《道藏》他通读了三遍，读得他直作呕。他不止一次地对我说，终于明白古人造"呕心沥血"这个词不是白造的，多少个清晨，他感觉血都呛到了嗓子眼！

为了整理《中华道藏》，他倾注了大量心血，虽为副主编，实际做的主编的工作，其工作量大得惊人。因多人参与编撰点较，水平参差不齐，许多部分由他推倒全部自己重来。

他有惊人的记忆力。对《道藏》和道教典籍烂熟于心。学生请教，同行咨询，他能在电话里说出某句在哪章哪段。不论何时何地来请教的人，他都认真作答。有几次，已近半夜，接到台湾和外地来的电话，问询某文献的出处，他立即给出准确的答复，令我都惊奇不已。

在搜集和整理敦煌道经的过程中，他竭尽全力收集、整理、识别、拼图，反复核对多个版本，居然能将只有四个字的残片找到正确的位置，给予复原。每每这时他都情不自禁地说，我都觉得好有成就感！

王卡对学生是厚爱有加，他毫无保留地将自己的研究思想传授给他们。他经常说，知识是人类共有的财富，知识共享才有价值。我们都是站着前人的肩膀往上走，怎可阻挡后人赶超我们？后来者居上，这是天经地义，否则谈什么人类进步，后浪推前浪！

有时，他熬夜刚刚躺下休息不久，只要有学生来家里，他立马精神倍增，不知疲倦，连续七八个小时地悉心指导。我经常笑他，只要学生在场，他就跟打了鸡血一样。

王卡一生手不释卷，随时都拿着书本，随时都在思考。有了iPad以后，他更是不离手，整天抱着查资料。如有科技文化新发展以及新闻报道社会大事件，他都要穷尽网上所有可搜集到的信息，然后做出自己的判断。今年 5 月份他生病住院，在病床上还捧着书本研究量子力学。最近几个月来，他与我的话题谈论得最多的，就是量子力学与哲学和宗教的关系。一说起来他就非常激动，说这是科学与人类认识论的一次革命，以及科学、哲学与宗教的关系有了合理的解释。

在我们这几十年里，每当他有新的思想火花，我都有幸成为他的第一个听众。在家里哪怕就我一个人，他也会慷慨激昂，滔滔不绝，有时甚至说到凌晨 2、3 点钟，还兴致盎然。

近几年，儿子在国外打拼，又添了孙子，我分身无术。春节期间王卡去国外探亲，亲眼见到儿子他们创业之艰难，为了支持儿子的事业发展和孙子的健康成长，他说"看来，只有我做出牺牲了"。不想竟一语成谶！

在新西兰，他见华人日益增多，却没有一座道教宫观而感到遗憾。回国后他多次与道协建议，去新西兰传播中国道教文化，修庙传道。

最近几年，他总觉得时间紧迫，计划要组织编《续道藏》，还有敦煌道经图录，编写教材及总结中国道教思想等项目。他多次说道，把这些做完我就可以去死了！

7 月 11 日，我们去了林芝避暑。由于天气凉爽，他异常兴奋。在那儿的几天，不停地说，林芝真是全国少有的好地方，以后每年都过来多住些日子。学生们要做课题项目就住我们家，这里环境安静，气候宜人，亦无干扰。他在林芝家中每天下午就坐在电脑前继续着他的思考和研究，直到晚上 11 点左右。殊不知，如此美丽的地方却暗藏杀机，脑力劳动的耗氧悄悄地消耗着他，终于在第六天，他喊出了"我需要氧气"！

我们在一朋友的帮助下去了医院，经过近两小时的抢救，他最终未能从死神手中挣脱出来。王卡，我的同学，我的好先生，因高原反应引起的急性肺气肿和脑水肿，就这样永远地闭上了双眼。

在此，我要感谢所领导和各方同人以及学生们。卓所长及时打来电话慰问，赵书记亲自带队赶赴林芝和拉萨，王卡的学生也从全国各地纷纷赶来，为王卡送行并进行了完满的善后处理。加之学界与道教界对王卡的高度评价，让我感到莫大的安慰！正如王卡自己曾经说过的，人的一生不论长短，生命的密度比长度更加重要。如果一个人没能给世人和后人留下点精神财富，就算活一百岁那也枉然。卡兄，你做到了！只是你走得太急，事业未竟，却先去了！

王卡，我想你一定是迫不及待地去宇宙中探索量子世界的奥秘了。没准，哪天你会以自己的亲身体验而又有新的发现，以量子缠绕的方式，载誉归来！

王卡，你在我心中，永远永远，不会离开。

（在王卡追思会上发言）

2013 年 10 月，王卡夫妻在西藏巴松措

一句顶一万句：父亲，你没有走！

王　淼

量子力学的最新研究成果表明，灵魂或许真的存在。也就是说，我的父亲，并没有真正地离开我们一家，只是化身为另一种存在。我们全家，依然在一起！

刘震云在他的小说《一句顶一万句》中尝试探讨一个话题：在人的一生中，是否有那么一个人，在那样一个时刻，说了那一句话，就会决定或者改变他的一生。

可以说，父亲，就是我生命中的那个人，在那个时刻，说的那句话，深深影响着我的人生态度和选择。

父亲在我心中，并不是一个精致的印象，甚至他的某些习惯是我从小就反感的，这其中，就包括抽烟。在我进入大学之前，都是在家里住，父亲的烟味伴随我的成长。我曾经抗议过，也阶段性地取得过"逼迫"父亲到楼外去抽烟的"战果"；但多数时候是在深夜，我会不知不觉被烟味叫醒，年幼的我，只会觉得这是恼人的事，暗暗下决心今后自己一定不抽烟。

但是，长大后的我，才渐渐认识到，正是这一根根的烟，伴随着父亲熬过了无数个安静的夜晚，成就了他在学术研究领域的丰硕成果。我不知道如果再给他一次机会，他是否还会把道教研究作为他的事业，但是，我很清楚，父亲是一个"全力以赴，择一而终"的人，无论他做什么事，都会坚持他自己的原则与信念！

父亲不是一个善于表达内心情感的人，我很少直接地感受到他对我的爱。但是，他会陪我一起打电脑游戏。尽管这好像不是一个对身体很健康的活动，但是，这种陪伴，到现在回想起来，都会觉得温暖与难忘。

如今，我也有自己的孩子，我也渐渐体会到他对陪伴的渴望与期待。家，不就是一家人生活在一起的地方吗？

在我的人生历程中，父亲的几句话，起了决定性的作用。

面对高考的压力，我曾经有过胆怯的心理，害怕站到考场的那一刻。是父亲的一句话："怕什么，勇敢地去考"，犹如一剂强心针，使我鼓起勇气，在高考中超常发挥，进入北京大学。

在国企工作了八年，个人的发展遇到瓶颈。就在我犹豫是留在体制内一如既往地享受安稳，还是接受挑战离开保险箱时，父亲意外地对我说："出去闯闯未尝不是一件好事。"至今，我都认为这是一个正确的选择。

移民新西兰，父亲不仅没有阻拦我，而且为此做出了巨大的牺牲。为了让立足未稳的我们能够在异国他乡安心拼事业，父亲接受了让母亲来新西兰陪我们生活的现实，独自承受在北京的孤独与寂寞。父亲不是一个生活能力很强的人，我知道这对他来说有多难。这是我最悔恨与难以释怀的，我生命最初的 3 年，和父亲生命的最后 3 年，我们一家没能生活在一起。

我一度抱怨过在这个现实的社会中，我没有"拼爹"的机会，更不是"富二代""官二代"，很多路都要自己走，很多苦也要自己吃。但是，今天，我由衷地感谢父亲留给我的一生的财富：独立的人格，思辨的头脑，和宽容的心态。

父亲曾经跟我说过，古今中外的书籍中，他最欣赏《庄子》。父亲的人生，践行了庄子逍遥、自由、耿直、善良的人生信条，"鹏之徙于南冥也，水击三千里，抟扶摇而上者九万里"。

我的心中，父亲只是远行，并非不归。

2018 年 1 月 24 日于新西兰奥克兰

附

录

各界唁电

北京大学哲学系
Department of Philosophy Peking University

中国宗教学会、中国社会科学院世界宗教研究所
中国社会科学院道家与道教文化研究中心
王卡教授治丧委员会：

惊悉著名道教学家、文献学家、宗教学家、中国社会科学院世界宗教研究所研究员、中国社会科学院道家与道教文化研究中心主任王卡教授遽然辞世，全体同仁不胜痛悼！

在此，谨代表北京大学哲学系宗教学系、北京大学宗教文化研究院、北京大学道家文化研究中心深致哀思，并向王卡教授家人表示诚挚慰问。

王卡教授毕生专注道教经典、思想、历史及信仰实践的研究，学养深湛，治学严谨，著述宏丰，嘉惠学林。王卡教授长期主持中国社会科学院世界宗教研究所道教研究室及道家与道教文化研究中心的学术研究工作，担任《中华道藏》、"敦煌道教文献"等大型典籍研究整理和点校工程的统筹、规划和具体研究工作，极大地推进了道教学术研究的发展。王卡教授一直努力开展国内外道教学研究的学术交流与合作，与包括北京大学哲学系宗教学系在内的国内外道教研究中心保持了良好的学术交流与合作，开创了道教学术研究走向国际化和现代化的新格局，在全球道教学界及汉学界享有盛誉。

王卡教授始终关注道教研究的学术传承，培养了大批优秀道教研究人才，桃李遍天下，为中国道教研究、典籍研究及本土宗教理论发展做出了不可磨灭的重要贡献。

王卡教授的辞世，不仅是中国社会科学院世界宗教研究所的巨大损失，也是道教研究及中国宗教研究学界的不可挽回的重大损失。

斯人已逝，德行文章，必彰后世，垂范学林！

王卡教授千古！

北京大学哲学系宗教学系
北京大学宗教文化研究院
北京大学道家文化研究中心 敬挽
2017 年 7 月 17 日

地址：中国 北京市海淀区颐和园路5号
邮编：100871
电话：010-62751670 传真：010-627516
www.phil.pku.edu.cn

教育部人文社会科学重点研究基地

佛教与宗教学理论研究所
Institute for the Study of Buddhism and Religious Theory

中国社会科学院世界宗教研究所

中国宗教学会

王卡先生治丧委员会：

惊悉著名宗教学家、道教学家、中国社会科学院道家与道教文化中心主任、中国社会科学院世界宗教研究所研究员 王卡先生因病逝世，中国人民大学佛教与宗教学理论研究所、宗教高等研究院、宗教学系全体同仁深感悲痛，谨致以深切哀悼，并向 先生的家人表示诚挚慰问。

王卡先生毕生从事道教历史、思想和文献研究，治学严谨，著作等身，成就卓著，享誉士林。 先生长期主持中国社会科学院道家与道教文化中心工作，主持完成了《中华道藏》编纂、"敦煌道教文献"研究等多项大型道教古籍整理研究项目，为中国道教学术研究的兴起和繁荣做出了不可磨灭的巨大贡献。

王卡先生的逝世不仅是中国社会科学院世界宗教研究所的重大损失，也是我国道教与宗教文化学术界的重大损失。先生的德行文章，堪称后人楷模，值得永远铭记。

哲人其萎，风范长存！王卡先生千古！

中国人民大学佛教与宗教学理论研究所
中国人民大学宗教高等研究院
中国人民大学宗教学系

全体同仁 敬挽

2017 年 7 月 17 日

地址：北京市中关村大街 59 号，100872
　　　中国人民大学人文楼 5 层
电话：86-10-62512242
传真：86-10-62512242
电邮：rdzj@ruc.edu.cn
网址：isbrt.ruc.edu.cn

Add: Zhongguancun Dajie 59#
　　　Beijing 100872, P. R. China
Tel: 86-10-62512242
Fax: 86-10-62512242
Email: rdzj@ruc.edu.cn
Website: isbrt.ruc.edu.cn

佛教与宗教学理论研究所

中央民族大学哲学与宗教学学院
School Of Philosophy & Religious Studies, Minzu University of China

中国社会科学院世界宗教研究所
中国宗教学会
王卡先生治丧委员会：

惊悉著名道教学家、宗教学家、中国社会科学院道家与道教文化中心主任王卡先生因病逝世，中央民族大学哲学与宗教学学院、中央民族大学宗教研究院全体同仁深感悲痛，谨致以深切哀悼，并向先生的家人表示诚挚地慰问！

王卡先生毕生从事道教文献、道教历史、道教思想的研究，著作等身，治学严谨，为中国道教学术研究的繁荣发展和道教学术研究人才的培养做出了不可磨灭的重要贡献！先生英年早逝，是我国道教与宗教文化学术界的重大损失。先生的道德文章，必将继续嘉惠学林。

王卡先生千古！

中央民族大学哲学与宗教学学院
中央民族大学宗教研究院
全体同仁敬挽
2017 年 7 月 18 日

中国 北京 中关村南大街 27 号 （100081）
Tel/Fax: +86 10 6893 2634   E-Mail: Department2000@sina.com

唁　信

中国社会科学院世界宗教与文化研究所：

　　惊悉中国社会科学院长城学者，中国道教研究领域的重要专家、国际知名的道教研究权威，中国社会科学院道家与道教文化中心主任王卡先生不幸因病逝世，我们深表哀悼！

　　王卡先生一生钟情道教学术，覃思精研，造诣深厚，学术成果丰硕、学术影响巨大！先生所著《敦煌道教文献研究》，对敦煌文献中的道教文献，做了准确、精要之考证、研究，不仅填补了国内研究的空白，对于推动敦煌学术中的道经研究也产生了极其深远的影响！是世界范围内敦煌道经研究具有里程碑意义的著作！

　　先生还致力于对道教古籍的整理、研究。国家"十五"重点图书出版规划项目——《中华道藏》，在先生七载呕心沥血、忘我的工作下，得以在 2004 年顺利出版、发行，这是继明代编修《道藏》500 余年后，道教界、学术界第一次以现代学术规范对《道藏》进行系统整理，意义极其重大！此后，先生又领衔大型道教丛书《三洞拾遗》的主编工作，这对《道藏》以外文献的整理、保存，是卓有成效的！本来，先生还有意参加《中华续道藏》的整理工作，但可惜天不假年，未能得尽先生之夙愿！令人十分遗憾！

　　先生还为学术界培养了一批优秀的"道教学"研究人才，为我国道教研究的人才梯队建设、发展付出了努力和心血！

　　王卡先生的逝世，是道教学术研究界的重大损失！北京师范大学哲学学院中国哲学与文化研究所全体同仁：周桂钿、郑万耕、李景林、张奇伟、强昱、徐文明、李祥俊、章伟文、田智忠、蒋丽梅谨对王卡先生的逝世致以深切悼念！并委托中国社会科学院世界宗教与文化研究所同仁代为在王卡先生灵前敬献花圈！希望王先生家人节哀顺变！

王卡先生千古！

北京师范大学哲学学院

中国哲学与文化研究所全体同仁

2017. 7. 18

唁　电

中国社会科学院世界宗教研究所卓新平所长：

惊闻王卡教授仙逝，万分哀痛！

王卡教授在道教经典研究、敦煌道经的复原与研究、明清道教史研究等领域造诣精深，成就卓著，嘉惠学林，享誉学界！王卡教授早年求学四川大学，后复应邀担任四川大学“985 工程”宗教、哲学与社会研究创新基地客座教授，与本所同仁结下深厚友谊！

王卡教授英年早逝，我们痛失一位杰出的校友、优秀的同行！道教学界痛失一位卓越的学者！

谨此致以深切的悼念！并向其家属表示诚挚的慰问。

王卡教授千古！

四川大学道教与宗教文化研究所全体同仁

二〇一七年七月十七日

沉痛悼念王卡教授

中国社会科学院世界宗教研究所：

　　惊悉王卡教授溘然离世，无比痛惜！王卡教授将毕生精力投入道教学术研究中，他兢兢业业，探索不止，为中国文化的传承与发展做出了卓越贡献。王卡教授是我国著名的道教文献研究专家，是一位具有开拓精神的学术大师。王卡的仙逝是中国道教学研究的巨大损失。我们深切悼念他，请转达我们对王卡家人的慰问。让我们化悲痛为力量，推动中国道教研究深入开展，为当代文化繁荣努力奋斗。

　　王卡先生千古！

四川大学老子研究院

2017 年 7 月 17 日

唁 电

中国社会科学院世界宗教研究所：

惊悉贵所著名学者王卡先生不幸仙逝，十分震惊，深感哀痛！

王卡先生是中国社会科学院的长城学者，道教研究的权威专家，长期以来在道教经典考辨、道教历史与教义研究、《中华道藏》编纂等方面均取得了十分卓越的学术成就，为道教学术的发展，中华优秀传统文化的弘扬做出了重要贡献。

王卡先生是华中师范大学特聘教授，湖北省人文社会科学重点研究基地道家道教研究中心学术委员会主任，他的逝世是贵所的重大损失，是中国道教学术界与宗教学界的重大损失！也是华中师范大学的重大损失！谨对王卡先生的逝世表示沉痛哀悼，请向王卡先生的家属表示亲切的慰问！

王卡先生千古！

华中师范大学道家道教研究中心、历史文献研究所

2017 年 7 月 17 日

沉痛悼念王卡先生

　　王卡先生是我国著名的道教研究专家，惊悉其离世，深感痛心！他的逝世是道教学术研究的重大损失！我们将继续他的事业，为道教学术研究尽绵薄之力！

浙江大学道教文化研究中心

2017 年 7 月 17 日

唁　电

中国社会科学院世界宗教研究所：

惊悉贵所著名学者王卡先生不幸逝世，至为哀痛！

王卡先生是中国社会科学院的长城学者，国内外知名的道教研究学者，长期以来在道教经典考辨、道教历史与教义理论研究、《中华道藏》编纂等方面均做出了十分卓越的学术成就，实为深入研究道教学术、弘扬中华传统优秀文化做出了重要贡献。

王卡先生的逝世是贵所的重大损失，也是中国道教学术界与宗教学界的重大损失！谨对王卡先生的逝世表示沉痛哀悼，请向王卡先生的家属表示亲切的慰问！

王卡先生千古！

华侨大学宗教文化研究所

2017 年 7 月 17 日

中国社会科学院哲学研究所

Institute of Philosophy, Chinese Academy of Social Sciences

中国社会科学院世界宗教研究所：

　　惊悉贵所王卡研究员病逝，十分悲痛！

　　王卡先生是中国道教学研究的重要学者，国际知名的敦煌道经研究权威，中国社会科学院长城学者，长期从事中国道教史、教理教义及道书文献等方面的研究，取得了丰硕的学术成果，具有广泛的学术影响。王卡先生著述不辍，先后出版学术专著数部，发表论文百余篇，诲人不倦，培养了一批优秀的青年学者。

　　王卡先生的逝世是贵所的重大损失，也是道教研究学界的重大损失。我们对王卡先生的逝世表示深切的哀悼，并向家属表示亲切慰问。

中国社会科学院哲学研究所

二〇一七年七月十七日

通讯地址：北京市建国门内大街5号，中国社会科学院哲学研究所
邮　　编：100732　　　　联系电话：85195506　　　　传真：65137826

唁　电

中国社科院世界宗教研究所：

惊闻贵所王卡研究员逝世，不胜哀悼！

王卡先生长期致力于道教研究，治学严谨，著作等身，先后承担国家级、院级课题多项，主编《中华道藏》、《三洞拾遗》、《中华大典·宗教典·道教分典》等大型道教古籍项目，参与国家重点项目《清史·宗教志·道教篇》。王卡先生尤其重视古籍整理，先后编纂出版多部道经文献，其代表作《敦煌道教文献研究——综述·目录·索引》在学界受到广泛好评。王卡先生还十分重视道教学界的梯队建设和人才培养，先后担任四川大学、华中师范大学等院校兼职教授，并长期担任中国道教学院特聘教授，培养了一大批优秀的青年学者。

王卡先生的辞世是贵所的重大损失，也是中国哲学史学界的重大损失。我们对王卡先生的逝世表示深切的哀悼，并向家属表示亲切慰问。

中国社科院哲学所中国哲学研究室

二〇一七年七月十七日

沉痛悼念王卡教授

中国社会科学院世界宗教研究所：

　　惊悉王卡教授离世，至为哀痛！王卡教授是我国著名的道教研究专家，为中国道教研究做出了重要贡献。他的仙逝是中国道教研究事业的巨大损失。让我们化悲痛为力量，进一步深化道教研究和道学文化的国际传播。请转达我们对王卡先生家人的慰问。

　　王卡教授千古！

中南大学道学国际传播研究院

2017 年 7 月 17 日

唁　电

中国社会科学院世界宗教研究所并转亲属：

惊闻王卡先因病仙逝，本社同仁均深表悲恸，我们为道家学术圈失去一位求真务实、开拓创新的顶尖学者而同声哀悼，谨电致唁。并向王先生家属表示诚挚的慰问！

哲人虽逝，典范长存，王卡先生千古！

肃此电达

中华宗教哲学研究社

刘通敏、沈明昌敬唁

唁 电

尊敬的中国社会科学院世界宗教研究所暨王卡先生治丧委员会：

惊悉贵所道教研究室研究员王卡先生遽然辞世，读书会同仁无不错愕痛惜。

王卡先生乃国内外道教研究界的知名学者、学术权威，在道教历史、文献整理、敦煌学等诸多领域，取得了令人敬仰的研究成果。而今芳华未及尽释，英才有待大成，却驾鹤西去，惜别世缘，怎不令人心痛万分?!

本读书会同仁曾有幸于 2016 年 9 月邀请王卡先生举办《道德经》专题讲座，先生旁征博引，热情充沛，开阔处令人思接千古，激越处生舍吾其谁之豪迈。而今先生音容笑貌宛在，而天人永诀于一旦! 痛兮，哀兮，哲人其萎!

知止中外经典读书会全体同仁，谨向王卡先生表达深切之哀思与追怀之情，并请向其亲友、同事转达诚挚的问候与安慰。

王卡先生千古!

知止中外经典读书会
2017 年 7 月 19 日

唁　电

中国社会科学院世界宗教研究所：

　　惊闻贵所王卡教授溘然离世，深感哀痛，无比惋惜！王卡教授是著名的道教研究专家，为道教研究做出了重要贡献。他的仙逝是中国道教研究事业的巨大损失，也是贵所宗教研究事业的巨大损失。谨此向王卡先生表示沉痛哀悼。请转达我们对王卡先生家属的诚挚慰问。

　　王卡先生千古！

西藏社会科学院宗教研究所

2017 年 7 月 19 日

唁　电

中国社会科学院世界宗教研究所：

　　惊闻道教研究领域国际知名学者、中国社会科学院道家与道教文化中心主任、中国社会科学院世界宗教研究所研究员、博士生导师王卡先生离世，丹道与养生文化研究会全体同仁万分悲痛、深感惋惜。谨此向王卡先生表示沉痛哀悼，并向其亲属表示亲切慰问。

　　王卡先生坚持为人民做学问，一生献身学术事业，兢兢业业，奋斗不息，在推动道教历史、教义及文献学研究等诸多方面做出了重要贡献。先生高风亮节、提携后进，追求真理，著作等身，为人师表、桃李遍天下。

　　王卡先生风范永存，我们为失去这样一位在中国道教研究历史上有着崇高声望和深远影响的大家而深感痛惜，为丹道与养生研究会失去这样一位良师益友而深感痛惜。

　　王卡先生千古！王卡先生道气长存！

丹道与养生文化研究会

2017 年 7 月 17 日

唁 函

中国社会科学院世界宗教研究所：

　　惊悉王卡先生辞世，敝中心学人同表哀痛。先生是我国著名宗教学家、中国道教学研究的重要学者，国际知名的敦煌道经研究权威，一生从事道教历史、教义及文献学等方面研究，学殖深厚，成果丰硕，尤于敦煌道教文献之整理研究卓有建树。先生的辞世，是贵所的重大损失，也是我国宗教学、道教学界的重大损失。学人其萎，德业常存，为我辈后学垂范。谨向贵所同仁和先生家属致以深切哀悼和真诚问候。

中国政法大学宗教与法律研究中心
全体同仁　敬挽
二零一七年慧月十七日

唁 电

中国社会科学院世界宗教研究所

中国宗教学会：

惊悉王卡先生在西藏林芝仙逝，辽宁大学道教与传统文化研究所全体同仁万分哀痛。草木为之含悲，人天为之共泣。

王卡先生行化立教一甲子，弘道传经六十年，是国内外知名道教学术研究权威，中国社会科学院道家与道教研究中心主任。在道教历史，道教文献等相关领域的研究取得了举世瞩目的成果，著作等身，泽被玄门。尤以主持《中华道藏》编撰项目作为常务副主编，呕心沥血，砥砺勤劳，堪有三立之德。为推动道教与中华文化传承发展作出了重要贡献。

王卡先生的逝世不仅是贵单位重大的损失，也是中国道教界和宗教学界的重大损失。辽宁大学道教研究所，谨向王卡先生的逝世表示沉痛的哀悼，向王卡先生的亲属表示亲切的慰问。

王卡先生千古！

辽宁大学道教与传统文化研究所

2017 年 月 18 日

華僑大学哲学与社会发展学院
School of Philosophy and Social Development, Huaqiao University

---

中国社会科学院世界宗教研究所

中国宗教学会

王卡先生治丧委员会:

　　顷闻王卡先生邃归道山,骇惋莫名。先生为海内外道教学术研究之重镇,道德学问,并世罕俦。先生之逝世,实为学界之重大损失。我等同仁,痛悼实深。谨致以深切哀悼,并望先生家人善为排遣,付诸达观。

　　专泐奉慰,敬奠致唁!

华侨大学哲学与社会发展学院

海外华人宗教与闽台宗教研究中心

全体同仁敬挽

2017 年 9 月 17 日

地址: 福建省厦门市集美区集美大道 668 号, 361021
电话: 0592-6167008
网址: spsd.hqu.edu.cn

唁函

中国社会科学院世界宗教研究所：

惊悉贵所著名学者王卡先生溘然辞世，十分震惊，深感悲痛！

王卡先生是国际知名的中国道教研究权威专家，中国社会科学院长城学者，他将毕生精力投入道教学术研究，长期以来在道教经典考辨、道教历史与教义研究、《中华道藏》编纂等方面均取得了十分卓越的学术成就，为道教学术的发展、为中华优秀传统文化的弘扬做出了重要贡献。王卡先生的逝世是贵所的重大损失，是中国道教学术界与宗教学界的重大损失！

王卡先生一直十分关心云南道教文化的研究，多次到云南参加学术会议和实地调研，是我们敬重的师长和专家，我们为王卡先生的辞世倍感痛惜。在此，谨对王卡先生的逝世表示沉痛哀悼，并向王卡先生的家属致以诚挚的慰问！

王卡先生千古！王卡先生道气长存！

2017 年 7 月 18 日

唁　电

中国社会科学院世界宗教研究所：

惊闻贵所著名学者王卡研究员溘然离世，深感惋惜，至为悲痛！

王卡先生是中国社会科学院的长城学者，道教研究的权威专家，是一位具有开拓精神的学术大师。他将毕生精力投入道教学术研究中，在道教经典考辨、道教历史与教义研究、《中华道藏》编纂等方面均取得了十分卓越的学术成就，为道教学术的发展，为中国文化的传承与发展做出了重要贡献。他的逝世是贵所的重大损失，是中国道教学术界与宗教学界的重大损失！

陕西省社会科学院宗教研究所全体同仁为失去这样一位良师益友而深感痛惜。在此谨向王卡先生表示沉痛哀悼，并向其亲属表示亲切慰问。

王卡先生千古！王卡先生风范永存！

陕西省社会科学院宗教研究所
陕西省社会科学院道学研究中心
2017年7月18日

老子暨中原文化研究中心

中国社会科学院世界宗教研究所

中国宗教学会

王卡先生治丧委员会：

  惊悉中国社会科学院道家与道教文化中心主任、中国社会科学院世界宗教研究所研究员王卡先生英年仙逝，周口师范学院老子暨中原文化研究中心全体同仁深感悲痛，谨致以深切哀悼，并向先生的家人表示诚挚慰问。

  王卡先生勤奋治学，学风严谨，汲汲于中国传统道家道教文化研究，为学术界贡献了一大批优秀的成果。先生一生"深入经藏、阐幽发微"，在敦煌道教、道经校释、道藏编纂等方面取得了举世瞩目的成就。

  王卡先生的逝世实乃世界道教与宗教文化学术界的巨大损失。

  哲人远逝，德润后世！王卡先生千古！

周口师范学院老子暨中原文化研究中心 敬挽

2017 年 7 月 11 日

中国道教协会

唁 电

中国社会科学院世界宗教研究所：

惊悉贵所著名道教研究专家王卡先生溘然离世，至为哀痛！

王卡先生将毕生精力投入道教学术研究中，在道教文献、道教历史和道教义理等方面均取得了十分卓越的学术成就，为弘扬中华优秀传统文化作出了重要贡献。

王卡先生十分关心重视当代道教文化建设，多年来与我会有着密切的合作关系。我会主持的《中华道藏》编纂项目，王卡先生作为常务副主编，付出了大量心血。他还积极呼吁编纂《中华续道藏》，并提出了详细的编纂规划。他是我会主办的中国道教学院的特聘教授，为培养道教人才尽心尽力。

王卡先生的仙逝，既是学术界的重大损失，也使我们道教界失去了一位良师益友。

谨对王卡先生的逝世表示沉痛哀悼。

请转达我们对王卡先生家属的慰问。

王卡先生千古！

中国道教协会
2017 年 7 月 18 日

唁　函

中国社会科学院世界宗教研究所

王卡先生治丧委员会：

惊悉王卡先生遽然辞世，不胜悲痛！

王卡先生毕生从事道教研究，在道教的义理与历史、道教经籍资料的搜寻整理与出版、道教意义的现代阐发和道教学人才的培养等方面，都做出了杰出的贡献，在国内外学界享有盛誉。王卡先生是中国敦煌吐鲁番学会的理事，他对敦煌道教文献整理和研究，达到了国际一流水平，改变了以往中国的敦煌道教文献研究长期落后于日本的局面。王卡先生的逝世，不仅是世界宗教研究所的重大损失，也是国际道教学界和敦煌学界的重大损失！他对道教研究的贡献，将永远铭记在辉煌的学术史册之中！

在这悲痛的时刻，谨向王卡先生家属，及宗教所全体同仁表达我们的诚挚慰问！敬请节哀励志，共同推进中国道教学研究取得更大的成绩！

王卡先生千古！

中国敦煌吐鲁番学会

2017年月日

唁 电

中国社会科学院世界宗教研究所：

　　惊悉王卡教授仙逝，万分哀痛！

　　王卡教授将毕生精力投入道教学术研究中，兢兢业业，探索不止，在道教经典研究、敦煌道经的复原与研究、明清道教史研究等领域造诣精深，成就卓著，享誉学界！为道教研究事业做出了卓越贡献。王卡的仙逝是中国道教学研究的巨大损失。

　　谨此致以深切的悼念！并向其家属表示诚挚的慰问！

　　王卡教授千古！

西南大学宗教研究所全体同仁！

二〇一七年七月十八日

湖北省武当文化研究会

唁　电

中国社会科学院世界宗教研究所：

　　惊悉贵所王卡研究员不幸病逝，我们深感哀痛。

　　王卡先生是国际著名的中国道教学研究权威，长期从事道教史、道教文献学等方面的研究，取得了令人瞩目的学术成果。他对敦煌道经的探索，解决了道教研究中诸多悬而未决的重大学术问题。他主编的《中华道藏》、《三洞拾遗》等大型道教文献丛书，嘉惠学林，是当代中国道教研究的标志性成果。

　　王卡先生长期以来十分关心武当道教文化的研究，多次莅临武当山参加学术会议，是我们敬重的师长和专家。谨对王卡先生的辞世，表达我们深切的哀思，并向王卡先生的家属致以诚挚的慰问。

　　哲人其萎，勋业长存！王卡先生千古！

湖北省武当文化研究会
湖北汽车工业学院武当文化研究与传播中心
二〇一七年七月二十七日

唁 电

中国社会科学院世界宗教研究所

王卡先生治丧委员会：

惊闻贵所道教研究室研究员、长城学者王卡先生升遐西游。英灵早逝，林芝草木为之含悲；真人归命，三秦道友为之黯然伤神。

王卡先生是国际著名的道教学研究专家，毕生致力于道教历史、道教文献等领域的研究，取得了令人瞩目的研究成果，著述等身，泽渥道林，为当代道教研究做出了杰出的贡献。

王卡先生与紫阳道教界有着深远的情缘，他长期关注紫阳道教和南宗文化的研究，今年四月，王卡先生还不辞辛劳莅临紫阳参加紫阳南宗道教研究会的揭牌仪式和中国道教协会《道教史》的编写研讨会，未料汉水一别竟成永别。

王卡先生的辞世，是当代道教学界的重大损失，紫阳道教界也失去了一位良师益友。紫阳县道教协会和南宗道教研究会，谨对王卡先生的辞世，表达我们深切的哀思和怀念，并请向王卡先生的家属转达我们诚挚的问候。我们必将铭记先生的功德，为弘扬道教事业而继续努力！

玉山之崩，哲人其萎，音容宛在，道业长存！

王卡先生千古！

紫阳县道教协会

紫阳县道教南宗研究会

丁酉年六月廿四日

唁函

中国社会科学院世界宗教研究所

王卡先生治丧委员会：

惊闻贵所道教研究室研究员、长城学者王卡先生驾鹤西游，学界同仁难掩悲痛之情。英灵早逝，林芝草木为之含悲；真人归命，三秦道友为之黯然伤神。

王卡先生是国际著名的道教学研究专家，毕生致力于道教历史、道教文献等领域的研究，取得了令人瞩目的研究成果，著述等身，泽渥学林。他主编了《中华道藏》《三洞拾遗》《敦煌道教文献》等大型道教文献，为当代道教研究做出了杰出的贡献。

王卡先生与陕西道教界有着深远的学术情缘，与陕西道教学者建立了深厚的学术友谊，他长期关注陕西道教文化的研究，多次莅临陕西参加学术研讨和交流，为陕西道教学界培养了一批青年道教学者，还担任了西安道教协会会刊《闻道》的学术顾问。今年四月，王卡先生还莅临紫阳参加紫阳南宗道教研究会揭牌典礼和中国道教协会《道教史》的编写研讨会，在闻道学社举办了精彩的专题讲座，未料长安一别，竟成永诀！

王卡先生的辞世，是当代道教学界的重大损失，陕西道教学界也失去了一位良师益友。闻道学社全体同仁，谨对王卡先生的辞世，表达我们深切的哀思和怀念，并请向王卡先生的家属转达我们诚挚的问候。

玉山之崩，哲人其萎，音容宛在，道业长存！

王卡先生千古！

陕西闻道学社
社长樊光春、刘世天率
同仁潘存娟、张方、刘康乐、王芳妮等致哀
2017/7/18

个人唁函

方广锠的信

　　大函敬悉。前此得知噩耗，不胜震悼。王卡是我们 1978 年入学的同届同学中最年轻的一位，今年才 61 岁。正当可大展宏图之时，遽尔撒手，竟归道山，实出意外。

　　8 月 8 日会议，本应参加。但我现在正在浙江温州文成安福寺，8 月 7 日、8 日、9 日三天，是我主持的第二届佛教文献研修班招生考试（含面试）的日子，故不克参加，甚为遗憾。请代我向王卡家属表示慰问，还请节哀顺变。还代向参加会议的老同学问好，请大家保重身体。

　　谨颂
　　时祺！

方广锠　2017 年 8 月 3 日

黎志添的信

　　王卡先生一生为道教学术界做出重大贡献，孜孜不倦，尽心尽力，鞠躬尽瘁，堪称学人榜样。我深愿国内道教界及世界宗教研究所承传王卡先生学人风范，后继有承，继续宏扬中华传统文化。

　　慈悲！

黎志添敬哀

刘仲宇的信

桂平主任，谢谢了。卡兄的追思会，路远，本人体质亦差，虽有心到场，却无法如愿。唯有奉心香一瓣，遥祭卡兄在天之灵。我与卡兄认识于1987年，后来一直交往甚好，有几次项目合作，也都愉快。不想他小十岁，却先走了。请届时代致意焉。

吕鹏志的信

志鸿并转中国社会科学院世界宗教研究所负责同志和王卡教授亲属道鉴：

周末收到齐鲁书社《道教学译丛》编辑邵明凡先生的电邮，惊闻道教研究权威王卡教授英年早逝，遽归道山，深感震惊，不胜悲痛。香港中文大学中国研究中心讲座教授、法国高等研究学院（EPHE）荣休教授劳格文（John Lagerwey）教授与晚学同任《道教学译丛》编委，也同时收到邵先生电邮而得知噩耗，悲叹不已，来信向我了解详情，并委托晚学向贵所及王卡教授亲属表达诚挚的哀悼和问候。

王卡教授学问深厚，在道教文献（尤其是敦煌道教文献）的整理和研究方面成就卓越，名震寰宇。晚学有几次在道教学术会议上得睹先生风采，每次都会在会议间歇向先生请益。拙著《唐前道教仪式史纲》因为参考利用了先生大著《敦煌道教文献研究——综述、目录、索引》，而得以将敦煌遗书中涉及唐前道教仪式的史料网罗殆尽，又直接引用他整理点校的《中华道藏》本敦煌道经，既方便又可靠。

2011年11月我应邀在世宗所做题为"道教醮仪史新探"的演讲，讲座由法国远东学院（EFEO）北京中心（时任中心主任的是法国汉学家吕敏 Marianne Bujard 教授）和世宗所合办，荣幸的是王卡教授担任讲座主持人，这让我得到一次宝贵的学习和交流机会。讲座之后与王卡教授和其他嘉宾共进午餐，席间有人谈到社科院自主时间多但工资薪酬少，王卡教授当即回应道，"可时间是无价之宝啊"，令晚学肃然起敬，同时体会到王教授对社科院及世宗所怀有深厚的感情。餐后匆匆道别，岂料竟是永别。

王卡教授，愿您与道合一。我们永远怀念您！

晚吕鹏志敬挽

2017 年 7 月 24 日于香港

香港中文大学人文学科研究所研究员、西南交通大学人文学院教授（自 2017 年 8 月）

胡孚琛的信

中国社会科学院世界宗教研究所：

惊悉王卡先生逝世，仅向贵所及其家属表示沉痛哀悼。

胡孚琛

2017 年 7 月 17 日

挽　词

常怀世事钻真学问弘人格真情真性
深究道经养真精神传道家真气真知
王卡老师千古

后学陈霞敬挽

书生意气即真人，遑问他一世清名，读史得见；
侠骨柔肠乃翰墨，哪堪汝半途福寿，廓心忘言。

同人陈进国挽

哀悼王卡先生！感谢王先生对道教学术研究的重大贡献！

黎志添敬哀

敬悼老友王卡教授顷闻噩耗，心惊且哀！思昔忆往，羡君高才。香山谠论，放酒挥戈；成都江堰，溯流江河。青岛雅集，通极灵台，两端一致，和合旡涯。世缘暂别，林芝飞升；天庭永聚，道在常恒！祝愿王兄，好行好行！

弟林安梧敬唁

惊悉王卡先生逝世，痛悼之极！先生走得太早了！
晚华未广，实使后学失倚啊！谨致我个人的哀痛！

陕西师大赵建勇挽

修中华道藏解河上章句三洞第一拾遗人
缀敦煌遗文论道教经史学界无双逍遥仙

学生王皓月挽

文章传世，毕一生耕耘立言玄学经典
良师益友，历十载同心成就中华道藏

张继禹道长挽

以祁志诚一首诗送友：身在玄门三十年/无心跳出五行边/而今擎下皮囊去/却返从来象外天。

I am going to miss you, friend, but your name will be on my lips every day.

美国柏夷教授

携一腔赤诚归去，生亦非有非非有，人世淹留非为寿
余半世真言永存，死也真如本如如，精神常驻乃不朽

知止中外经典读书会寇老师敬挽

道炁长存
纂修三洞经藏敦煌遗书著述等身
精研玄门哲理道教历史泽渥学林

刘康乐挽

王卡教授千古

文章传世毕一生耕
耘立言玄学经典
心成就中华道藏
良师益友历十载同

张伦病敬挽

王卡先生主要学术贡献

出版的重要论著及获奖成果

《中国道教史》（合著）：任继愈主编，上海人民出版社，1989 年。该书于 1993 年获中国社会科学院第一届优秀科研成果奖。

《老子道德经河上公章句》点校本：北京，中华书局，1993 年初版，2011 年第 5 刷。207 千字。

《新译道门观心经》：台北，三民书局，1998 年，约 100 千字。

《敦煌道教文献研究》：中国社会科学出版社，2004 年，288 千字。国家社科基金项目，已获中国社科院第六届（2007）优秀科研成果奖个人专著二等奖。

《中华道藏》：华夏出版社，2004 年。标点本，全 49 册，约 8 千万字。国家十五规划重点图书项目，系大型古籍整理项目。

《中国宗教历史文献集成·三洞拾遗》：安徽黄山书社，2005 年。影印本，全 120 册。系大型古籍整理项目，周燮藩主编，王卡为其中道教分部《三洞拾遗》（20 册）的主编。全书获中国社会科学院第七届（2011）优秀科研成果集体二等奖。

《道教经史论丛》：四川巴蜀书社，2007 年，400 千字。

《中国道教基础知识》（主编）：北京，宗教文化出版社，1999 年第 1 版，2005 年第 2 版，2009 年第 4 刷。270 千字。

《道教史话》：中国大百科全书出版社，2000 年第 1 版；社会科学文献出版社，2012 第 1 版。分别列入"九五"国家重点图书规划，"十二五"国家重点出版规划项目。121 千字。

《中华大典·宗教典·道教分典》（主编）：河北人民出版社，2015

年 3 月，350 万字，为国家"十一五"重大出版工程成果。

《洞经乐仪与神马图像》：社会科学文献出版社，2016 年第 1 版，23.6 万。

近年正在从事或主持的主要项目

《清史·宗教志·道教篇》：国家大型清史工程项目，王卡撰写 8 万字，已完成结项，待出版。

《敦煌道教文献合集》：国家社科基金重点项目，预期出版大型图册数卷，并附释文、目录。目前已完成图片采集工作，正在进行释文工作。

《中华大藏经续编》：已故任继愈先生主持大型集体项目，王卡负责其中《三教论衡部》的道教部分，正在进行。

代表性学术论文名称、出版机构及发表年、卷

[1]《真元妙道与真元妙经图》，12 千字。中国社会科学院世界宗教研究所：《世界宗教研究》1993 年第 2 期。

[2]《隋唐孝道派宗源》，16 千字。香港道教学院：《道家文化研究》第 9 辑，北京，三联书店，1996。

[3]《黄书考源》，10 千字。中国社会科学院世界宗教研究所：《世界宗教研究》1997 年第 2 期。

[4]《敦煌本金箓斋仪校读记》，14 千字。台湾，成功大学历史研究所：《道教学探索》第 9 辑，1997。

[5]《越南访道研究报告》，23 千字。中国道教协会：《中国道教》，1998 年第 2~3 期连载。（此文已被河内师范大学芳榴教授译作越南文，收入其著作：*DÂO GIA VÀ VĂN HOÁ*，Hà Nâi 2000）。

[6]《敦煌本陶公传授仪校读记》，11 千字。兰州大学敦煌学研究所：《敦煌学辑刊》2002 年第 1 期。

[7]《敦煌本老子节解残页考释》，14 千字。中国敦煌吐鲁番学会：《敦煌吐鲁番研究》第 6 卷，2002。

[8]《敦煌本升玄内教经残卷校读记》，22 千字。中国敦煌吐鲁番学会：

《敦煌吐鲁番研究》第9卷，2006。

[9]《王屋山上方真元道派续考》，17千字。首都师范大学宗教文化研究中心：《天问》丙戌卷，江苏人民出版社，2006。

[10]《诸真宗派源流校读记》，15千字。华中师范大学出版社：《全真道与老庄学国际学术研讨会论文集》，武汉，2009。

[11]《道教在近现代的衰落与复兴》，20千字。中国哲学史学会：《中国哲学史》2011年第1期。

[12]《王玄览著作的一点考察》，12千字。中国哲学史学会：《中国哲学史》2011年第3期。

[13]《雍正皇帝与紫阳真人》，50千字。四川大学道教与宗教文化研究所：《宗教学研究》2013年第1~2期连载。

[14]《南北朝隋唐时期的道教类书》，28千字。北京大学出版社：《唐研究》第19卷，2013。

[15]《明代景教的道教化——新发现一篇道教碑文的解读》，10千字，《世界宗教文化》2014年第3期。

[16]《敦煌本〈洞真高上玉帝大洞雌一玉检五老宝经〉校读记》，20千字，《敦煌吐鲁番研究》2015年4月。

[17]《中国本土宗教的虚神信仰》，9千字，《世界宗教研究》2016年第5期。

（另有学术论文数十篇）

未来预期规划的主要项目

《敦煌道教文献研究/目录编》（修订本）：在本人原著基础上工作，预计改写补充5%~10%的内容，完成后形成约30万字的新工具书。

《道教经史论丛续编》：收录王卡近年新撰道教学、敦煌学论文数篇。

《中华道藏提要》：在任继愈主编《道藏提要》、施博尔主编《道藏通考》、张继禹主编《中华道藏》基础上补充改写。主体内容（提要、目录索引，引书索引等）大部分已完成，预计全部完成后形成约100万字的工具书。

编后记

去年 9 月的教师节，汪桂平与研究室的同事和王卡的学生来家里看望我，提出想为王卡先生编一本追思文集，希望由我来承担编辑工作。

我怎么也未曾想到，这么早就会为王卡编辑纪念文集。这项工作对我来说，应该是比较遥远的事，至少是十年以后，甚至二十年以后的事情。现代人活七八十岁不是很平常的吗？王卡，你才刚刚 60 岁，学生们为你做六十寿辰的余温尚存，你还未满 61 岁，怎么就走了呢？这么早就让我过上回忆的生活，真的是始料未及！

去年的 5 月 8 日，你在去所里准备面试博士后的途中，晕倒在地铁里。那天，你侥幸地与死神擦肩而过。而后住院治疗，逐渐恢复，气色变好。出院之后，你好像是死里逃生，重获新生的感觉。你不再熬夜，晚饭后主动提出要去散步，还说，没想到走路也有瘾，一天不走像缺了点什么。我好高兴，活了半辈子，你终于悟到生命在于运动的道理了呀。我们在小区里边走边聊，见到一老太太推着轮椅，一老头儿坐在轮椅上，我还笑说，再过些年，那个推轮椅的就是我，轮椅上坐的就是你。那一个多月，我们幸福地享受着二人世界，仿佛回到了几十年前我们恋爱时的景象。我以为，我们从此形影不离，携手前行，相濡以沫，慢慢地变老。

7 月，热浪袭击着北京。你说，最近没什么会议和要紧的事，我们可以去林芝了，避暑一个月再回来。我说好啊，就立马订了机票。就这样，我们兴奋地又到了离别三年的西藏林芝。到了林芝，你片刻未歇，推着自行车就要去办理家里的上网，还说，这是第一要事，如今没有网络，就如同与世隔绝了一样。随后的几天里，上午我们骑着自行车沐浴在蓝天白云下，下午你坐在书桌前修改文章，直到晚上 11 点左右就寝。

15 日那天中午，我们走进了一家餐馆，与老板娘聊着天。老板娘问我们多大年纪，我们答 60 多岁了。老板娘说，你们真勇敢，过 60 了还敢来西藏，你们不怕高原反应吗？我们笑答，前些年来过西藏几次，不怕了。我还说，我先生他们一家人都在西藏生活工作多年，为西藏做出了贡献，我们有着深厚的西藏情结，还就是喜欢林芝这地方。老板娘说，真佩服你们！当时，我还笑你，说你们家就你没为西藏做过贡献，但你的西藏情结还最浓呢。你回答说，因为父母弟妹们他们那年月在西藏太艰苦，哪像现在发展得这么好，跟内地没什么两样。

　　高原反应，2011 年和 2013 年，我们两次去西藏，你还真的有些不适，时不时地感到头晕。这次来林芝，你居然没有一点不适的感觉，心情也是大好。我想幸亏 5 月的住院，对你做了全面的身体检查。结果是脑子没病，心脏没病，连你每天抽两包烟的肺，居然也不可思议地没毛病。只是血糖和血压还不太稳定，我想只要坚持吃药和注意饮食就是可控的。在我们进藏第六天的晚上，看《新闻联播》时，你还与我谈笑风生，不停地感叹，林芝真是个好地方。可世事无常，谁会料到，竟然几个小时之后，你的生命骤然停摆在这个勾人魂魄、被人们称作离天堂最近的、神仙居住的地方。

　　为什么会是这样？在我们感到最舒心、最快乐的时候，上苍却不由分说地使我们的幸福戛然而止。一切来得是那么的突然，容不得我细细思量！

　　8 月 8 日，宗教所为你举办了追思会，大家对你的高度评价让我非常感动。王卡，你的一生，都贡献给了道教学术研究，你勤学多思，脑子从来没有停歇的时候。如果你多活十年，二十年，你还能做好多的事情啊。

　　本来，小汪说，最好争取去年底将纪念文集编辑出版。但每当我坐在电脑前，读着一篇篇充满真挚情感的追思文章时，都禁不住泪流满面，视线模糊，不能自已。

　　回想起 40 年前，我们大学刚毕业，还未满 22 岁的你，刚考入中国社会科学院研究生院攻读硕士学位。你来到北京读研，我在成都开始了我的教师生涯，我们几乎每周一封书信往来。你在 1978 年 10 月的一封信中写道:"我所说的幸福还包括另一更重要的内容,那就是使我们的生活朝着这样的目标前进:当垂暮来到的时候,我可以无愧地说,我的一生啊,也算是为人类做了一点好事。人不应该满足于一种狭隘而古老的幸福,人生的真谛应该是电影《哥白尼》的主人公所说的那样,勇于探索真理,只要能为人类贡献最微小的一点真理,我们就会得到万倍于爱情的幸福,因为爱情只把两个人的心连在一起,而真理却使我们和整个人类的命运连在一起。真理是永远属于那些热爱自己事业的人的。这些人并不一定要站在显赫的位置上,并不止前进在前途灿烂的道路上。一个人在任何地方都可以有所贡献,而首先他应当热爱本职,有踏实、不懈追求的精神。"

几十年来,你不断地探索,不停地追求与奉献,朝着自己的目标和方向,一步一个脚印,踏踏实实地践行了你自己年轻时的诺言,真正做到了于心无愧。只是你为什么走得这么匆忙,事业未竟,我们还未老,你却先去了。

你曾经对我说,"我一生做得最正确的事就是娶了你,要不然,我哪能这么洒脱地做我的学问"。近几年我没在你的身边,你不止一次对我说:"我不能没有你。"可我,并没有在意。我总是天真地认为,你我 60 刚出头,再活个一二十年不成问题,我们的日子还很长……

半年过去了,你的陡然离去,这种毫无精神准备的心理冲击,使我至今都没有缓过神来。

我始终不相信,你不在了。你的身影,总在我的眼前晃荡,你的声音,时时在我的耳旁回响。每当我独处时,望着你的照片,止不住,泪千行,几近抑郁,痛断肠!没有了你的日子,我恍恍惚惚,似梦非梦,心里空荡荡……

回到家来,独坐在你的书房里,满屋的书仿佛都在问我:王卡呢,他去了何方?

有朋友安慰我说,你的离去,是天妒英才。

有亲人告慰我说,有的人虽然死了却依然活着。

有学生宽慰我说,你是你母亲怀着身孕随军进藏的,你最终将自己留在了西藏,是"魂归故里"。

还有大学同学劝慰我说，你已经做了别人几辈子都做不出的事情，功德无量，是上天有眼，见你太累，让你歇一歇了。

难道这真是上天的意志和安排？也许，这样想，我的心里才稍稍得到一些慰藉。

我也宁愿相信，你还在，只是回归到无形宇宙的性灵老家。也许，你已获重生，进入了新的生命轮回，你的思想仍在自由地飞翔。

翻开你40年前的笔记本，上有你抄写的普希金诗句："一切过去了的都会变成亲切的怀念。"

如今，我们一同走过的40年，连同学术界的同仁、我们大学的同学、你的学生以及宗教界的朋友们篇篇追忆缅怀文章，都变成了对你永远的、亲切的怀念。

王卡，你放心吧，你的事业后继有人，研究室的同事们和你的学生们都很努力。今天，他们以你为荣耀。我相信，将来，你在天之灵也会为他们的成就而感到骄傲。

王卡，愿你常到我的梦里来，我好想你！

在此，对刘传鑫道长为纪念文集的出版慷慨出资，致以深深的感谢。

岚　宁

2018 年 1 月 15 日于北京家中

又，封面及王卡简介照片说明：封面照片摄于2010 年，王卡参加学术研讨会途中，在飞机上阅读。王卡简介照片拍摄于北京家中书房。均由尹岚宁拍摄。

图书在版编目（CIP）数据

王卡纪念文集 / 尹岚宁编 . -- 北京：社会科学文
献出版社，2018.5
ISBN 978 - 7 - 5201 - 2508 - 6

Ⅰ. ①王… Ⅱ. ①尹… Ⅲ. ①王卡（1956 - 2017） -
纪念文集 Ⅳ. ①B959.92 - 53

中国版本图书馆 CIP 数据核字（2018）第 059663 号

王卡纪念文集

编　　者 / 尹岚宁

出 版 人 / 谢寿光
项目统筹 / 袁清湘　赵怀英
责任编辑 / 赵怀英

出　　版 / 社会科学文献出版社·独立编辑工作室（010）59367202
　　　　　地址：北京市北三环中路甲29号院华龙大厦　邮编：100029
　　　　　网址：www.ssap.com.cn
发　　行 / 市场营销中心（010）59367081　59367018
印　　装 / 三河市尚艺印装有限公司

规　　格 / 开　本：787mm × 1092mm　1/16
　　　　　印　张：17.75　插　页：2.75　字　数：251 千字
版　　次 / 2018 年 5 月第 1 版　2018 年 5 月第 1 次印刷
书　　号 / ISBN 978 - 7 - 5201 - 2508 - 6
定　　价 / 128.00 元